真逆を生きる

平成元年を境に世の中180度変わった

―― 社会を変える近道は住環境にあり ――

後悔しない家造りネットワーク
一般社団法人「いい家塾」塾長
釜中　明

はじめに

謹啓 国土交通大臣 殿

謹啓、こんなところからお願いの儀、ご寛容賜りますようお願い申し上げます。
本書名「真逆を生きる」副題〜平成元年を境に世の中180度変わった〜
このフレーズは、私の発想ですが、大変重要な意味合いが含まれており後述いたします。

「180度変わった」とはなにか。それは昭和から平成になって真逆になったのです。三〇年間、まさに多くの真逆の事象が多くの問題を起こしてきました。それを受けて令和がスタートしました。その令和をいかに生きるか？ そのヒントを本書に網羅いたしました。

私は日本の住環境の改善向上に向けて半世紀。まさに人生をかけて参りました。その中で行政に対しても、二つの提言書をご提出してきました。

一つは、小泉内閣当時次期総理と呼び声が高かった安倍晋三官房長官に、人間主権の「住宅基本法」の早期制定にむけての提言書でした。先進国家のこの国に「住宅基本法」が存在しなかったからです。余りにも住まいに問題が多い根源がここにあったのです。私は「衣食足りて『住貧』を知る」と言ってきました。

果せるかな「住生活基本法」として誕生しましたが誠に僭越ながら、不十分です。また、本意は住宅基本法です。「住生活」とは概念が異なります。第三章に詳述しています。

二つは、馬淵澄夫元国土交通大臣に「建築基準法」を抜本的に改正して「建築基本法」の制定に向けて提言書を手渡し致しました。残念ながら陽の目を見ていません。

二件共に日本国民の人生に関わる重要法案です。社会問題の根源は、住まいに起因する問題が多いからです。

特に令和の大きな課題は「少子&高齢化」です。

子供への痛ましい多くの事件はまさに社会問題です。また高齢化社会の進展で家庭内介護、とりわけ「老々介護」の生活環境の諸問題が切実です。六五歳以上の介護で老々介護が五〇%以上の現在、住まいと家庭環境の充実に向けて、この国の住宅・住まいのあるべき姿をお示し頂きたくお願い申します。

今回の大和ハウス事件は、住宅産業界の氷山の一角にすぎません。世界中に何処にも例がない、プレハブの工業化住宅の問題です。第一章に工業化住宅の優遇政策など、住宅問題は山積しています。

第二章にも住まいの五重苦として、関連事項を記述しました。これらは、現場で日々実感する切実な事柄でございます。

現状の諸問題や、お願いの内容や主旨は、第三章の、問題とは何か「行政の問題点、国土交通省に苦言を呈す」に要点を纏めました。

第四章「平成元年を境に世の中180度変わった」。これは、私の発想です。それは、昭和の生産者優位から、今は消費者主権の時代です。この大転換期に、当たり前の事を大和ハウスは出来ていなかったのです。

第五章に大和ハウス事件の問題発覚の原因の一つである「型式適合認定制度」の問題点として、左記に出版動機となった大和ハウス事件を分析記述しました。どうかご一読頂きまして、住環境の改善と向上に向けてお力添えを切望いたします。宜しくお願い申し上げます。

末筆ながら、先生の益々のご活躍とご健勝を祈念申し上げます。

謹白

令和元年九月二六日

釜中明拝

大和ハウス工業の建築基準法違反　不適合設計四千棟超
耐火性や基礎構造不適合が露見大事件が発覚　被害者は一万二千世帯に及ぶ

令和元年五月一日、この国の新しい歴史の一ページ、令和の幕が開けた。私はこの記念すべき日から、三冊目になる著書の執筆がスタートした。その動機となったのは平成の最後に大きな事件が発覚したのである。

大和ハウス工業株式会社の「建築基準法違反、不適切設計四千棟超、耐火性や基礎構造不適合が発覚」という事件である。この被害者は一万二千世帯にのぼるという。これは、平成三一年四月一三日の報道であり、令和元年六月一八日さらに追加続報されたものだ。

新聞報道によれば、大和ハウス工業株式会社は平成三一年四月一二日建築した二千棟を超える建物で建築基準の不適切が有ったと明らかにした。問題の建物に暮らす人は七千世帯にのぼる。防火基準を満たしていない事や基礎工事の不適合など明らかになった。

同社は平成一二年から「型式適合認定制度」を活用し、建築手続きを合理化していた。工場で製造する部材などが、事前に国から建築基準を満たしていると認定を受ける制度で、建築確認時の審査が簡略化され、工期を短縮できる。だが、この制度や社内の仕様について、商品開発担当と建築現場の間で認識のずれが生じ、長年放置されたことで問題が拡大した。基礎工事の不適合も同様の構造で発生。認定の有無を確認するチェックシートでは「基礎の高さや深さを確認するチェックシートで、基礎の高さや深さを確認する項目が漏れ、認定を受けていない設計であることが見落とされていた」（平成三一年四月一三日付産経新聞から転載）

さらに令和元年六月一八日、一戸建て住宅やアパートなどで建築基準法に不適合な物件が新たに一八八五棟判明した。対象となる世帯は一万二千世帯に増えた。基礎工事で設計者が認定されていない方法で設計施工していたことも判明したという。

（令和元年六月一九日付産経新聞から転載）

以上が全内容であった。

新聞報道は、各社とも大和ハウス工業㈱が発表した右の内容記事だけである。解説も一切なく、よくある世間の声を何処も報道していない。これほど大きな事件なのに、テレビも一切報道しないのはなぜなのか。

レオパレス21が平成三一年二月、一三二四棟に天井に耐火性の不備があると施工不良を発表し、入居者に転居の要請を始めた。これに新聞、テレビ、週刊誌等は連日大々的に報道した。事件の軽重は大和ハウスの方がはるかに重大であるが……。

筆者の率直な見解を言えば、マスコミ各社にとって大スポンサーである、大和ハウス工業に対して「忖度」しているとしか考えられない。今後被害者の声や、司法の動向も注目したい。

出版動機
住宅産業界の影

この大事件の勃発により、新たな使命感に火が付いた。本書はこの機会に「日本の住まいの貧困と問題を指摘し、真実と本物の存在と価値を伝えることで問題解決につなげたい。チョット私的なつぶやきや、平成を振り返りながら、トピックスや問題になった事柄も私の視点で主張しようと決意した。

さて、大和ハウス工業㈱は従来から指摘してきた如く、住宅産業界の欠点や問題点が、露見発覚し報道されたのだ。私には「当然の結果」という思いと「漸く」という感想である。

その原因は利益第一主義の結果である。またその手法は、単純で分りやすい手抜き工事の数々の露見であった。何より、これが社会に実態が公開されたことが嬉しかった。

この衝撃は私に直ちに筆を執らせた。それは、過去二冊の著書が、人生の全てをかけてきた家造りの専門書だった。その二冊目は「公益社団法人　日本図書館協会　選定図書：工学・技術」に選定された。

そこには、現在の住宅は貧困と問題が山積している。そして、その根源である住宅産業界の多くの問題点を指摘した。更にその解決策を提示するだけではなく、いい家塾はその如く実践してきた。さらに、その結果を成果として披歴した。類書が多い中、この構成と内容と実績が評価されたのが素直に嬉しかった。

今一つ指摘したいのは建築基準法の問題点である。この基準が最低の基準（レベル）であることを長年にわたり種々指摘してきた。しかし、この基準さえ大和ハウスは遵守していなかったのだ。

「始めへの第一歩」この事件が我が国の住環境が、貧困から改善そして正常方向への、第一歩になると信じたい。

本書が、日本の住環境が正常に改善への指針の一助になればと願いながら綴っていく。

大和ハウス工業という日本の住宅産業界のトップ企業の不祥事である。しかし、多くの他社も大同小異である。業界全体の構造的な要因があることも消費者に知ってもらいたい。（詳細は第三章&第五章）

真逆を生きる

平成元年を境に世の中１８０度変わった／目次

第一章　常識を疑う

賢明な消費者に

「あなたの思っている常識は正しいですか？　皆さんが思っている常識を疑ってみる機会にしましょう」

私は世の中に多くの常識に疑問を抱いてきた。それらを「常識のウソ」「常識の非常識」と呼んできた。勿論ここでは住まいと建築に関することだけに絞っての話をさせていただく。

例えば、「木造住宅は価格が高い」と断定される方が殆どではないだろうか。確かに昭和五五年木材の供給量不足から高騰した。しかし現在は戦後の植林材が成木になり蓄積量が四倍になったので、価格は当時の約六〇％と安定している。また輸入材が七〇％もあり価格は大変安くなっている。

そこで、代表的な構造別の平均価格であるが、同じ規格仕様で比較すると、木造を一・〇とした場合、鉄骨造が一・三倍、鉄筋コンクリート造が一・六倍と言われている。だから木造が一番安い。さらに、価格以外にも、一番長寿命であり、人と大変相性が良い性能を沢山持っている。理由は私たちと同じ生物だからである。

また「木造は地震に弱いから危険」「木造は火事に弱い」「木造は強度が低い」「木は腐りやすい」と、鉄骨造や鉄筋コンクリート造に比べて劣っていると決めつけている人が圧倒的に多い。

本当にそうであろうか。この常識も正しくはない。

「家づくりは三回経験しないと本物を得られない」という世間の常識が今もまかり通っている。提供する業者が悪いのか、それとも買う消費者が問題なのか、どちらが悪いのであろうか。

私はどっちもどっち、双方が問題だと言ってきた。

「こんな筈ではなかった」と、後悔する人が余りにも多い現実があるからだ。私はこの非常識を打破したくて、いい家塾※を創立したのである。

お金が有り余っている方はまだ良いのだが、ローンを組む方は悲劇。ローンが終わる前に建替えなければいけない悲劇に遭遇する。

いい家塾が「良品と悪品を峻別できる、賢明な消費者の輩出」を活動目的の一つに掲げたのも後悔する人をなくすため。いい家塾の創立の原点がここにもある。

業者から、この家は「建築基準法をクリアーしているから大丈夫です」と言われて安心して買ったら欠陥住宅であったという悲劇も後を絶たない。また、この建材はF☆☆☆☆（フォースター）だから安全と思い込んでいる人も多い。

今回大和ハウスが、欠陥住宅であることを証明してくれた。詳細は後述する。

※いい家塾
　一般社団法人「いい家塾」の創立主旨は、消費者保護の観点から「賢明な消費者の輩出」である。
　「良品と悪品」を峻別できる消費者になり、悪品を淘汰すれば健全な住宅産業界に再生できると信じて活動している。その手段として、いい家塾の講座に於いて最適な知識と最新の情報を提供。様々な啓蒙活動も微力ながら全力投球で行っている塾である。

木と鉄とコンクリートの強度比較

皆さんの常識では、木は鉄やコンクリートより弱いと思っている人が殆どだが、実は、この常識も非常識なのだ。「比強度」これは重さが同じ条件で三種類の測定値で強度を比較したのが次の実験結果である。

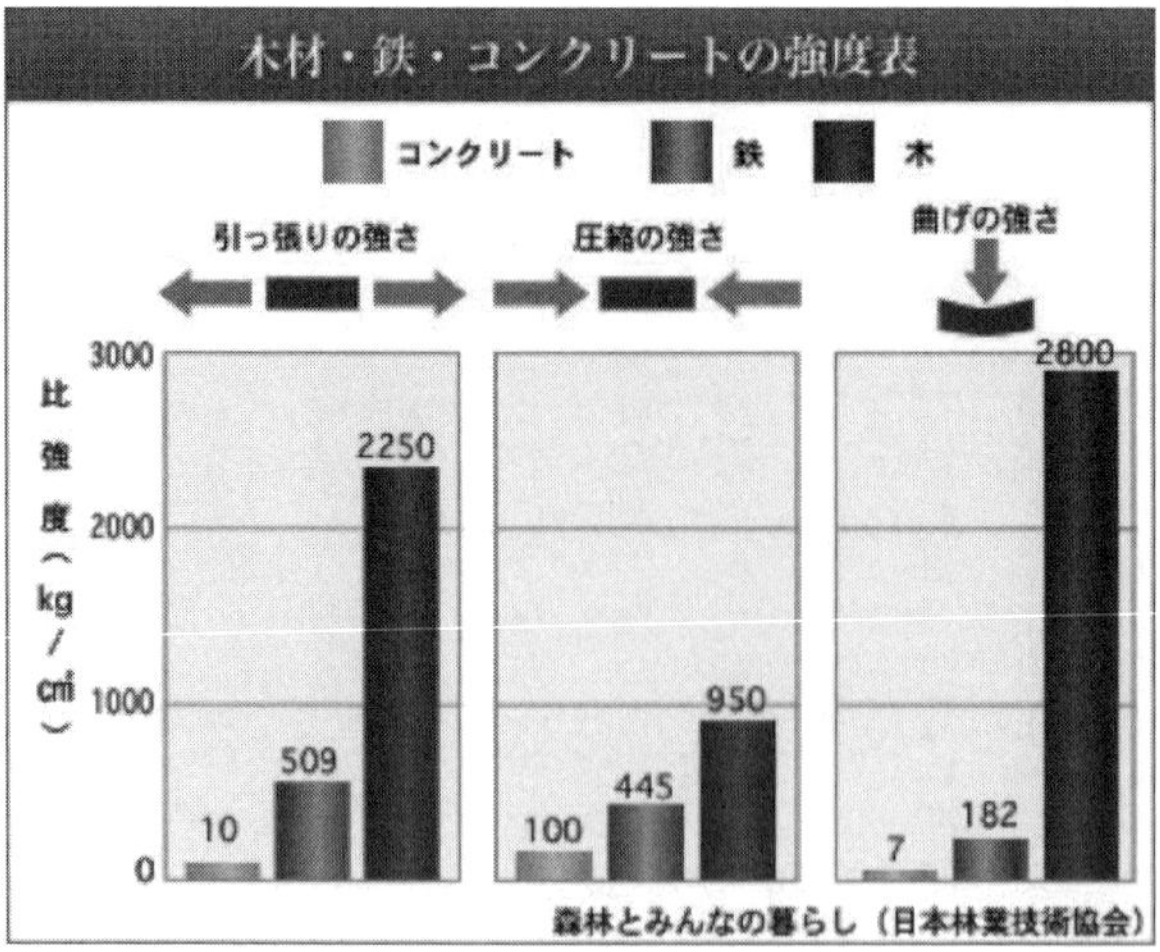

・引っ張りに関しては、杉は鉄の四倍以上、コンクリートの二二〇倍の強度がある。
・圧縮に関しては、杉は鉄の二倍以上、コンクリートの九倍以上ある。
・曲げの強さにいたっては、杉は鉄の一五倍以上、コンクリートの四百倍もある。

木材の比強度は、他の材料より圧倒的に強いことが分る。つまり、木材は軽い割には強い材料なので、より少ない材料で強いものを造ることができる。

木造住宅は火事に弱いという誤解

鉄に火をつけても燃えないが、木に火をつければ燃える。その為、木の家は燃えやすいというイメージが定着している。本当に燃えやすいのだろうか？

ものが燃えるには、熱と酸素が必要だ。木が炎にあぶられると熱によって、表面部分の成分が分解されて可燃ガスが発生し、それに酸素が混じって燃え上がる。

この原理から評価すれば、木は燃えやすい素材だ。しかし、それは木っ端や薪など、小さな木の場合で、太さが一〇cmを超える柱や梁の場合は違う。柱や梁に火がつくと、表面は可燃ガスと酸素とで燃焼し始め、同時に表面に炭化が始まる。炭化によって酸素が遮断され、内部に酸素が供給されずなかなか燃えない。

家が全焼した跡に、真黒な柱だけが何本も立っている光景は見覚えがあるだろう。いかにも「燃え尽きた」という印象があるが、実は燃え尽きていない。ある程度の太さの柱の内部は燃えにくいのだ。

熱の伝わり易さの「熱伝導率」では、木は鉄より低いという特性がある。鉄は木の様に燃え上がらないが、火の熱が伝わり易く火災で五分ほど火にさらされるだけで、強度が半分以下に落ちてしまう。対して木は一〇分以上火災の火にさらされていても、強度低下率は二割ほどで、半分以下になるのは二〇分以上かかる。

鉄骨の家であっても、火事になれば熱で鉄の強度が落ちて倒壊する危険性が生じる。木造なら柱や梁の内部までなかなか燃えずに強度を保ち、倒壊をギリギリまで防いでくれる。木の家が火事に弱いという汚名だけは返上だ。

皆さんが思われていた常識が、少なからず非常識であったのではないだろうか。このように私たちの周りには思い込みの間違いや、安心安全や正当を主張しながらウソが余りにも多い。

この現実を直視し、誰かが警鐘を鳴らさなければいけない。その主役は私たちであり、私たちが賢明な消費者になり、悪品を排除することで健全な消費社会を構築できるとの思いで、本書を書いている。

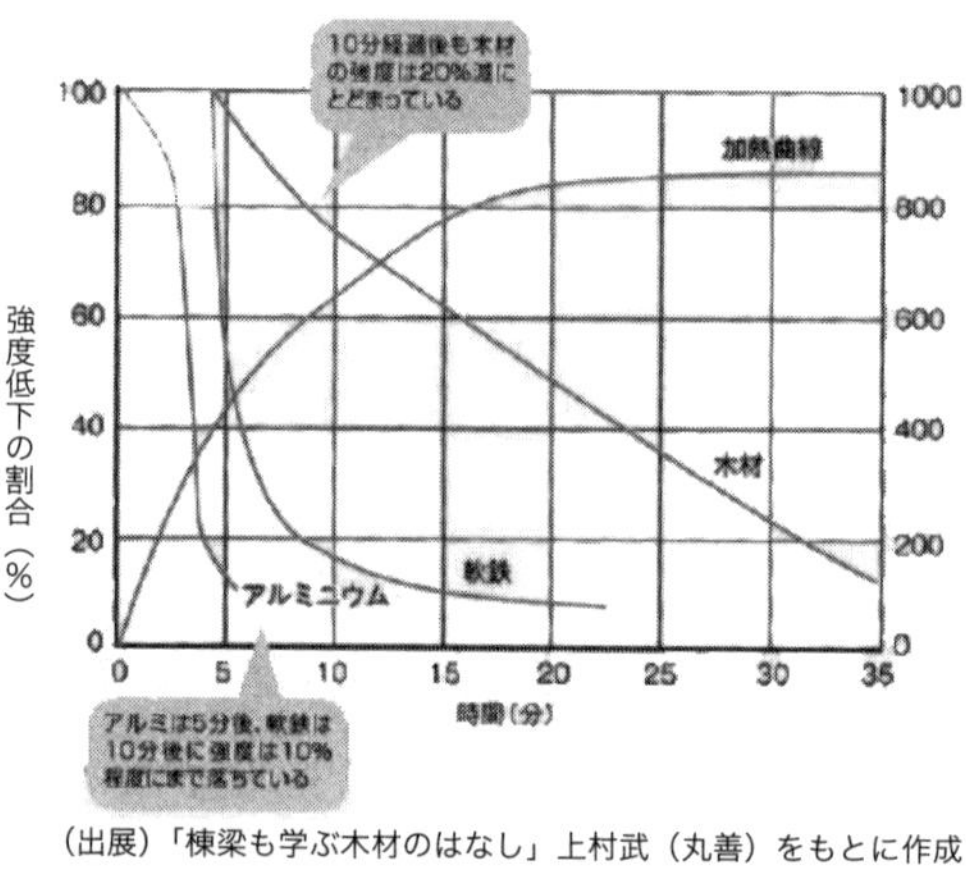

（出展）「棟梁も学ぶ木材のはなし」上村武（丸善）をもとに作成

第一講のこの日、三種類の壁紙といわれるサンプルを配布した。そして屋外に出て火をつけて燃やしてもらった。一つは土佐和紙で、木の繊維でできた本当の紙なので、赤い炎で煙やにおいもなく燃えた。他方は真っ黒い煙をだし強いにおいが発生した。明らかに紙ではなく、石油由来の化学物質であるビニール。

このメーカーも販売業者も、「壁紙」と堂々とTVや新聞で広告している。施工業者もビニールクロスの見本帳を持ってきて施主に壁紙を選んでくださいという。これはVOC（揮発性有機化合物）を発散する有害建材なのだ。シックハウスの元凶の一つである危険な商品なのだ。

しかしこのビニールクロスにもF☆☆☆☆マークが付いている。ではなぜF☆☆☆☆が付いていたのに安全ではないのか？　という多いなる疑問を抱く。

Fはホルムアルデヒドが対象であるが、他に有害物質が多数存在する。これらは火災発生時に、多くの死者が出るケースが有るが、その多くは火傷ではなく有害物質の暴露で毒ガスによる窒息死である。

平成二六年五月二〇日夜一〇時、「あなたの家を魅力的にする。壁紙五千種類、床材も四千種類、驚きのインテリア会社」という番組案内記事にひかれ、テレビを興味深く見た。「株式会社サンゲツ」というこの会社の紹介番組で商品をPRした。

特に「壁紙」に注力していて、五千種類の商品が有り見本帳に三〇億円投入して

「事例」
二〇一一年九・一一
同時多発テロ事件

ニューヨークWTCビルの最上階に自爆機が突っ込み炎上した。何故このビルが一瞬にして崩れ落ちたのか？最上階の自爆機炎上の高熱が、全階の鉄骨や鉄筋の強度を一瞬に奪ったのであっけなく崩壊した。

住まいは第三の皮膚

いると説明。解説者も全て「壁紙」と発言。

注目して頂きたいのは壁紙と言っている商品は「紙」ではなく「ビニール」であること。社員は「壁紙でトップ企業です」と誇らしげに胸を張っていた。正しくは壁紙ではなく「塩化ビニール樹脂クロス」である。視聴者はどれほどこの「ウソ」に気づいただろうか。

悲しい事に壁材だけに止まらず、もう一つの床材も本物の木の床板ではなかった。木目の美しい無垢の木の床板だと思ったら、塩化ビニールシートに木目を印刷し、合板の表面に貼った商品であった。

このように壁材や床材、天井材、外壁材、断熱材などに至るまで、石油化学工業製品が多数流通している。家の中は九五％以上が石油化学製品の中で生活していると言われているが間違いなさそうだ。

これらはなぜ問題なのか？　それは、ＶＯＣ以外に通気性や調湿性能といった、「住み心地」に必要な基本性能が無いからだ。私のこの指摘は、重要ポイントなので忘れないでほしい。

住まいと衣類も自然素材が望ましい。特に素肌に着ける下着は、化学繊維ではなく自然素材をお勧めする。綿は通気性&吸汗性に富み肌触りがよく人体になじむ。

著名な建築家デヴィッド・ピアソンは、「住まいは有機的組織体に匹敵する、私たち自身の皮膚のように、不可欠な機能『保護、保温、呼吸、吸収、蒸発、調節、伝達』を遂行する『第三の皮膚』である」そして、衣服は第二の皮膚と述べている。

私はこの説に触れた時、すぐ思い出したのはエジプトのミイラの発見記事だ。三千年の眠りから覚め、血液型もＤＮＡも判る完全な姿で発掘されたのはなぜか？

完全なミイラ状態で発見できたのには根拠と理由があった。通気性のある麻と綿の包帯で全身をぐるぐる巻きにされていたこと。そして吸湿性、放湿性、調湿機能がある木棺に納められていたこと。乾燥した砂地の地中深く埋まっていたという好条件であったこと。腐る要素である、水と酸素が無い砂地であったこと。これらの好条件が存在したのだが、木や植物繊維の機能と生命力にはあらためて驚かされる。

私たち人間と同じ生物であることがなによりの証です。

悪貨は良貨を駆逐する

現代はプラスチックをはじめ、石油化学物質万能社会になって久しい。確かに文明社会を進展させた恩恵も大きいのだが、物事には「光と影」が存在することを忘れてはいけない。なぜ天然素材の本物が豊富に有りながら、化学物質の代替品に駆逐され横行しているのだろうか。無害であれば何も言わない、有害物質だから警告しているのだ。まさに「悪貨が良貨を駆逐」した事例である。

この、グラシャムの法則だが、建材のみならず住宅まで悪品が良品を駆逐してしまった。

戦後の高度成長時代からこの国の住宅は、鉄・コンクリート・石油化学建材で出来た物が席捲している。そのため、短命住宅や欠陥住宅、さらにシックハウスを造り、疾病や大きなストレスを生み、多くの訴訟問題にまで発展して社会問題になっている。詳細事例は第二章以降で後述する。

社会問題と言えば「プラスチックごみ」が漸く世界的な社会問題としてクローズアップされてきた。ペットボトルやレジ袋などの使い捨てプラスチックによる環境汚染が深刻だ。世界の海で深刻化するプラスチック汚染を減らすため、政府が六月に大阪で開いた二十カ国・地域（G二〇）首脳会合で、二〇五〇年までに海への流出ゼロにする「大阪ブルー・オーシャン・ビジョン」として合意した。大阪湾にレジ袋三百万枚、ビニール片六一〇万枚が沈んでいるという。

しかし、三〇年後とはなんとも悠長な話である。先ず日本は来年四月からレジ袋有料化の方針を示したが、本質的な問題解決には程遠い。国内の年間廃プラスチック量は九千万トンであるのに対し、使われているレジ袋は約二〇万トンだ。海ごみに化すのはその一部に過ぎない。

冒頭に指摘したが、天然素材の本物が豊富に有りながら、住まいの中に多くのプラスチック製品が使われている。建材として外壁材、内壁材、断熱材、床材、天井材、カーテン、塗料、接着剤等々だ。これら大型建材の方がレジ袋より圧倒的に多いのだから、ターゲットはここである。

なぜ化学物質の代替品に駆逐され横行しているのだろうか。無害であれば何も言わない。有害物質だから警告しているのだ。

以前「森林保護」運動が起こった時、割り箸を止めて「MY箸」運動があった。箸箱に「プラスチック」のマイハシを入れて持ち歩いた人が大勢いた。今でも食堂でマイ箸を使う人を見かける。割り箸は、間伐材や背板等の商品価値の低い端材で作るのでまさに有効活用していたのに!

今こそ、森林率世界第三位である我が国の、木材資源を多方面で活用する時である。その第一は、安価な本物の素材の木材で安全安心な健康住宅を造ること。それが、森林の荒廃防止と国土保全にも繋がる。いい家塾では「学校を木造校舎に」運動も創立以来行ってきた。

優秀な木構造建築技術の衰退の危機

住宅に関して、行政が今後もプレハブなどの工業化住宅を優遇・推奨する事を継続することは確実だ。そこには、世界で類を見ない大手ハウスメーカーの工業化住宅を正当化・標準化を強化する狙いがうかがえる。現在の工業化偏重の住宅政策は、世界に誇れる日本の伝統ある木構造建築技術を否定し、技術の衰退を助長してきた。

地域で優良な住宅を支えてきた零細な工務店の存続を圧迫し、素晴らしい日本の木構造技術が消滅していく危機である。まさに「悪貨は良貨を駆逐」しているのだ。なにより、住宅はオンリーワンが基本であり、常識であるにもかかわらず、世界で類を見ない画一的な・大量生産・大量販売・早期大量廃棄の企業戦略は傲慢横暴と言わざるを得ない。

これが、大和ハウスをはじめ多くのハウスメーカーの現状と実態である。企業は経営戦略として合理化、効率化という利益追求至上主義が戦後の高度経済成長を支え、世界に冠たる経済大国の地盤を確立した。その反面、環境破壊や生命や健康を損なう多くのひずみを生み出し、社会問題になっているケースが多く存在する。

さらに日本が世界に誇る建築技術をどんどん消失させてきた。担い手の大工就業者数は一九八〇年九三万七千人、内六〇歳以上が七％であったのが、二〇一〇年は三九万七千人と激減し、六〇歳以上が二七％も占めている。地方の過疎化の主因は地場産業の衰退だ。この様に地域の工務店や優秀な技術職人が活動の場を失う悲しい現実があるのだ。

常識の参考書

私の大好きな作家、曽野綾子さんは常識の達人だと尊敬している。著書「風通しのいい生き方」（新潮新書刊）は、難しい人間関係の風通しを良くする極意を「いい住まい」を事例に解説してあり、素晴らしい啓蒙書である。私は、これぞ人生の指針と受け止めた。昭和六年生まれの曽野さんには、益々ご健勝でご健筆を祈念したい。

〈ポイントを曽野さんの著書から抜粋〉

たいていの世間の人たちは、自分の家に不満を持っているというが、実は私は、今自分が住んでいる家にはほとんど満足している。こういうことを言うと、「お宅はお金がおありになるから」とか「贅沢な家をお建てになれば、不満もないでしょうよ」などと言われるだけであるがそうではない。

階段は、設計段階でスペースとお金が不足していたのでかなり急になった。その家が本当に裕福か、そこそこ貧乏かの度合いは、軒の長さと階段の傾斜でわかると私は思っているのだが、その見方で言えば、我家の階段はかなり貧乏な家の基準に合致する。

家について母がいつも言っていたのは「風通しが悪いと、家が腐り、住む人も病気になる」と母は信じていたので、一部屋に必ず二面以上開口部を取って、風通しをよくする事だった。

また、「出来たら十文字に風が吹き抜けるような家がいい」と母は言ったことがある。私はこの教えをよく守って家の設計をした。現在、築五〇年以上たつ我家だが、台所に立つと確かに風が前後左右から吹き抜けてゆく。「家は風通しが良くなくちゃだめよ。しかも東西南北十文字に風が交差しないとね」と。

我家に満足されていることの真実はお母様の家づくりの教えを実行したからだという。お母様は学問の世界では教えられない、いくつもの感覚的な助言を残してくれたと曽野さんは述懐している。

これらは、まさに至言であり理にかなっている。階段は予算の関係と狭い場所だと急勾配になる。いい家塾では、普通は一四段だが曽野さんの家は一二段かも知れない。余裕がある場合、ゆったり昇り降りするには一六段にする。

また、四季のある日本では、太陽の高さと角度が春夏秋冬で違う。軒や庇は太陽の熱や光をコントロールする大切な建築部位だが、最近の住宅は「庇」が省略されているケースが多くて大問題だ。

庇という字は、「マダレに比」で、音訓は「ひさし・かばう・おおう」。名詞は「ひさし」、動詞は「かばう・おおう」。

名は体（態）を表わすというが、庇は名称の如く、家の壁面の窓などの開口部の上部に取り付けた、長さ一m前後の傾斜のある突き出たもので、雨水から壁や窓を護る。何より、夏の高い太陽光を遮り、冬の低い太陽光を部屋の中まで導入させる。夏は涼しく、冬を暖かくする重要な庇である。帽子のヒサシの由来も家の庇から転用だと思われる。

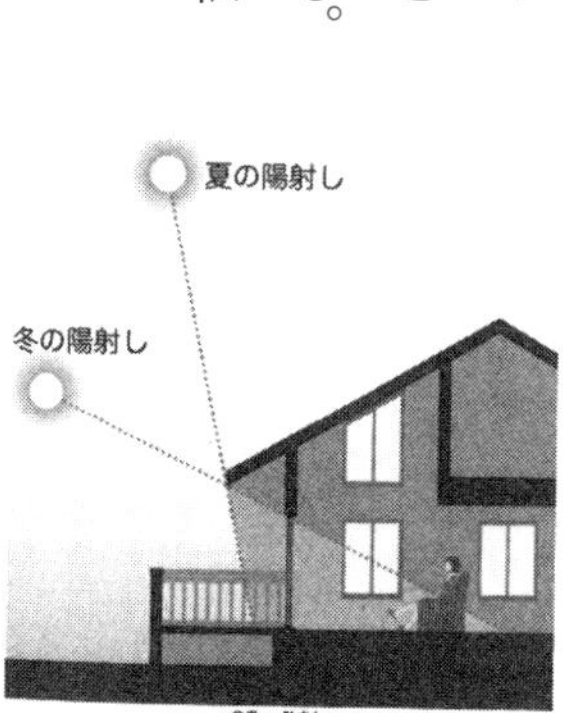

陽射しと軒《のき》・庇《ひさし》との関係

しかし、最近の家に庇の無い家が大多数である。何故だろう。合理化というコスト削減策であり、私に言わせれば手抜き工事である。

また通風の大切さは、曽野さんのお母様の教えが常識だ。太陽の熱や光、風の道など自然の恵みと、その恩恵を活かす工夫はいい家造りには欠かせない。大変重要なテーマなので講座で授業している。（第三章　問題とは何か　事例四「省エネ基準適合」参照）

賢明な消費者の輩出を目的に

家づくりは奥が深い一大事業。子から孫へ、子々孫々に、絆と命をつなぐ大切な事業である。どうか嬉しいはずの慶事を「こんな筈ではなかった」と、後悔しないように、いい家づくりを実現してほしい。

そんな悲劇をなくすために、賢明な消費者の輩出を目的に平成一五年「いい家塾」を創立し、翌年、講座を開設した。

受講生から「常識の非常識、常識のウソを知りました。目からうろこです」と、喜んでくれている声を聞く。

「家のつくりようは、夏の暑さを旨とすべし」と、吉田兼好が「徒然草」で提示

平成二六年六月八日、一六期生の椎名邸の完成見学会と竣工引渡し式を開催した。三〇名の参加者が驚いたのは、真夏日のこの日、外気温が三一度の午後一時から四時までの間、室内はひんやりと涼しかったことだ。誰もハンカチも扇子も使っていない。一階も二階も家中を風が縦横に吹き抜けていく。勿論エアコンは一切使っていないのにだ。

参加者はいい家塾の家づくりに感動し、いい家とは、「長寿命でオンリーワンの住み心地のいい家」、住み心地のいい家とは「夏涼しく冬暖かい自然素材の健康住宅」と定義している。私たちはこのように言うがごとく実践実行している。

また「木造の家はなぜ優れているのか」、「風通しの良さを実現する窓のいろいろ」を前著書で解説しているのでぜひ参考にして欲しい。（成果事例：椎名邸は「付」に）

している。

あなたもご一緒に「家の光と影」の存在を確認しませんか。そして、貴方の常識度をチェックしてみませんか。

第二章　病気になる家

競泳女子のエース池江璃花子選手の白血病に思う

平成三一年二月一二日、池江璃花子選手（18）は、白血病であると自身のツイッターで公表した。

オリンピックの有望選手だけに大きな反響を呼び、励ましの声が高まった。骨髄バンクにドナー登録も相次いだ。医学的な治療や対策も多く寄せられた。

血液の専門医によれば「白血病には急性と慢性があり、さらにリンパ性と骨髄性がある」。池江選手の現状から「急性リンパ性白血病」だと推定できるという。いずれにしても入退院を繰り返しながら抗がん剤治療になるという。

三月一三日のツイッターでは、「思っていたより、数十倍、数千倍しんどいです」と、あるが、「たくさんの言葉に励まされ、最後まで頑張りたい。まだまだあきらめないぞ。しっかり治療して東京オリンピックに出場したい」と前向きなコメントに安堵する人も多かったと思う。

また、池江選手の白血病の公表以後、多くの青少年の白血病の罹患者がマスコミから知らされた。

しかし、こうした事案の発生時に常に思うことがある。「結果の現象」だけにスポットが当たり大騒ぎすることだ。

問題は「その事象の原因はなにか」という情報が聞こえてこないことである。病気の発症から、対策の治療も大事だが、その原因を究明する事こそ、回復への道程と再発防止の力になると信じているからだ。

住まいの五重苦が人体に影

では、ここで「白血病の原因は何か」を考えてみたい。それは、住まいの五重苦に潜んでいるとも言えるのではないか。

日本のあちこちに建てられている新築の家は、見た目はとてもきれいだ。しかし、その外観からは想像できない「五重苦」を抱えていることが多いのである。住まいの「夏の暑さと冬の寒さ」の悩みを除いての話だが。

家を買って後悔している人の多くが、この五重苦のいずれかを抱えて悩んでいる。あるいは、全部を抱えて悩んでいる。外側からはなかなかうかがい知ることのできない、日本の住宅にひそむ、人々を悩ます「日本住宅の五重苦」、それは「シックハウス・コンクリートストレス・断熱・結露・音」が挙げられる。

住まいの二重苦＝コンクリートストレスとは何か

さて、ここでは、我々の健康に大きな問題を与えている、コンクリートストレスについて考えてみよう。

コンクリートが人間に及ぼす様々な悪影響をコンクリートストレスという。判りやすいのが、あの「冷たさ」で「冷輻射」という現象が原因。コンクリートは、熱を伝えやすい性質を持っていて、熱伝導率は木の一四倍である。熱伝導率とは、同じ条件の固体別に「暑い熱や冷たい熱が伝わる速さと量」をいう。

冬の寒い日にコンクリートの部屋にじっとしているとまず、背中からゾクゾクっとする。外の寒さがコンクリートを通して室内に伝わり、身体の底から体温を奪っていく。これは「冷輻射」という現象で、これと全く逆の作用をするのが「遠赤外線」。

「遠赤外線」は身体の芯から温める。活用例は電子レンジがある。これに対し、「冷輻射」は体の芯から冷やす。

冷えというのは、人体に大きなストレスをもたらす。人の平熱は三六～三七度くらいだが、体温が下がると免疫機能が低下し、消化不良や血流も悪くなる。

このところ、若い女性の冷え性や、平熱が三五度台しかない低温体質の人が増えているが、鉄筋コンクリート（ＲＣ）造のマンションやオフイスビルの増加と無関係ではない。

鉄筋コンクリート（ＲＣ）住宅の住人は、木造住宅の住人より一一年早死にしていたことや、出生率も低かった。これは、ＲＣは体の芯から体熱を奪う「冷輻射」による疾病である。

また、冬季の結露によるカビ・ダニの被害でアトピーや喘息などの健康阻害。小児喘息は大阪府が最悪で三〇年間で五倍に増え、年間九千人、四〇人学級で三人が罹患している。（大阪府下で一〇数年間島根大学調査他）

私は平成一二年から十数年、環境教育実践校の大阪市立小学校の五年生に環境保護・自然界の仕組み等を二時間の特別授業を毎年二月に行ってきた。ＲＣ校舎で床もコンクリートで底冷えを経験した。その体験からも「木造校舎にする運動」にも繋がった。

鉄筋コンクリート（ＲＣ）の宿命として、鉄筋が有害な電磁波を増幅することで、電磁波過敏症や自律神経失調症、ホルモンのバランスを崩して乳癌や子宮癌等になる。しかし、この有害性を知らされていない。

また、白血病などは、小児癌の原因だと言われている。小児癌とは、一五歳未満から二〇歳前半の青少年がかかる、白血病や脳腫瘍、骨髄腫、悪性リンパ腫など多くの種類の悪性腫瘍を指す。

わが国では事故を除き子供の死因の一位となっており、年間約二五〇〇人の青少年が罹患している。全国では一万六千人以上の青少年が小児癌と戦っているとされる。

この悲しい原因は、ＲＣマンションとＲＣ校舎、高圧送電線と家庭内電化製品や携帯電話などの被害が大きいと私は信じている。

しかしマスコミも一切報道しないのはなぜか？　ドイツやオーストリアの環境先進国では、高圧送電線の直下から二五〇m以上離れなければ建築の許可が出ない。我が国では、住宅地や学校や病院の真上を平気で設置されている。まさに日本は環境後進国である。

高層ビル（マンション）症候群

「人間は高層ビル（マンション）に住んではいけない」

（東海大学医学部講師逢坂文夫医師チーム　調査結果より）


「A」一～二階（低層）　「B」三～五階（中層）　「C」六階以上（高層）と

三グループに分けて詳細な健康調査を実施。対象者は幼稚園児から五〇歳くらいまでの約千六百人。「C」の六階以上と「AB」の五階以下ではっきりと次のような違いがでた。

①「妊婦の流産率」Cは二四%でABの約四倍。六階以上のC（上層階）では流産率が二四%にはねあがって、AB（低中層階）に比べて約四倍。

②「異常分娩率」Cは二七%で木造の約二倍。「帝王切開」など異常分娩の有無も大きな開きが出た。木造一戸建では異常分娩率は一四・九%。マンションの六階以上に住む女性は二七%。木造の二倍近い。

③神経症・飲酒率・喫煙率も多い。心理テストでも、高層階に住む母親ほど神経症的な傾向があらわれた。飲酒率、喫煙率も増えている。

④妊婦のうつ病発生も木造の四倍。「妊婦関連うつ病」が発生する割合が四倍も高い（国立精神・神経センターの医師北村俊則氏）

⑤高層階ほど低体温児が多い。

六階以上に住む園児の体温は、下の階に住む子より低い。平熱でも三六度下。
（逢坂文夫医師：幼稚園児二千人調査結果）

⑥

高血圧・ボケが発生しやすい。

高層階ほど高血圧の割合が高くなった（対称者／四〇～五九歳、女性千五百人）

また、「ボケが発生しやすい」という。

⑦

運動不足、引きこもりになる。

高層マンションは、上階ほど外出がおっくうで運動不足になり、人と話す機会も減る。

⑧

頭でっかちの子が産まれる。

妊婦の運動不足から胎児の出産が遅れ、頭囲が大きくなり異常分娩を引き起こす。

⑨

高層になるほどストレス症状が強くなる。

小学生を持つ母親の緊張度は、建物が高くなるほどストレス症状がでる。
（米コーネル大学）

高層階は地上の匂いも届かない。身近に自然が無い。生活感が無くなる。専門家は、これらが重なってストレスとなり、〝高層ビル症候群〟が発生するという。

⑩　建物の揺れ、ビル酔いや強風時の激しい騒音の悩みを訴える人が多い。
⑪　超高層マンションの生活不可能と地下空間の水没・経験のない高層火災への対処は困難をきわめる。
（「国が公表した南海トラフ地震（M九・一）＆首都直下地震（M七・三）の想定被害発表」から）
⑫　英国政府は「六階以上の上層階に住まないように」指導している。

超高層マンションは大地震で耐震性能が不安

①　長周期の「ゆっくり地震」の揺れにビルが共振した時が一番恐ろしい。
②　政府は超高層ビルの耐震強度を「三〇階建てで、幅二mの振幅に耐えれば合格」としているが、名大や京大の研究では「ゆっくり地震」で三〇階部分では四m以上六〇階なら八m以上ゆれるという。
③　液状化で倒壊の危険。ベイエリアではM八クラスの地震で地盤の液状化によって基礎を支える「摩擦杭」はヌカに釘と化す。
④　家具に潰される危険。
⑤　高層マンションの火災時対策やメンテナンスを考慮せずに建設してきた。

⑥　長期耐久性に疑問。致命的な欠陥は経年劣化が大きく耐久性が問題である。一〇年毎に大規模改修が必要でメンテナンスに大きな費用がかかる。宮大工の故西岡常一氏は「コンクリートは五〇年、木は一〇〇〇年」と言っていた。コンクリートは劣化が始まると補修がきかないので解体しかない。木造は改修、改築が容易で新たな命が再生できる。

また、アルカリ中性化で強度が問題。酸性雨や外気が窒素酸化物による大気汚染でコンクリートがぼろぼろになる。また骨材に海砂が多く使用され、海砂中の塩分がアルカリ分を減らすので鉄筋の腐食他が指摘されている。※

※その他では、工期が長い事や特に重量があるため基礎工事にコストが高くつく。また固定資産税も木造の四倍。

水害でタワーマンションに弱点
立地と地下浸水で被害甚大

令和元年一〇月、台風一九号で大きな被害が出たのは、人気居住エリアの川崎市中原区でＪＲ小杉駅近くの四七階建てマンション。多摩川から逆流した水が流れこんで配電盤が使えなくなったことで、住民は停電や断水でエレベーターやトイレが

〈参考図書〉
・「マンションが危ない」「コンクリートが危ない」　小林一輔著　東京大学名誉教授　コンクリート工学　岩波新書刊

使えないなど被害を受けた。

自治体による高層マンションの災害対策は後手に回っている現状も、タワーマンション不安に拍車をかけそうだ。東日本大震災以後、災害対策は地震の備えが中心だったからで、水害対策の部署は置かれていないという。

以上、高層ビル（マンション）症候群の現状である。長寿の時代、一人ひとりが元気で人生を送るためにも、消費者の賢明な判断を期待する。

・「崩壊マンションは買わない」船瀬俊介著　リヨン社刊
・「いい家塾の家づくり」～住み心地のいい家とは、夏涼しく冬温かい自然素材の健康住宅～後悔しない家づくりの教科書II　釜中明著　一般社団法人「いい家塾」塾長　JDC出版刊　公益社団法人「日本図書館協会選定図書：工学・技術」

分譲マンション大規模改修
「解決策」劣化診断&大規模修繕コンサルティング開始

二〇〇九年いい家塾創立五周年を期して「後悔した家を支援」を表明した。多くの「こんな筈ではなかった」という声を聞いてきたからだ。五重苦で悩む多くの人たちの苦しみに対して、戸建て住宅への解決策は既に取り組んできた。更に、集合住宅の分譲マンションに住まいの方のコンクリートストレスの悩みも随分多く、また多岐にわたるので支援のメニューに加えた。

現在、築三〇年を超える分譲マンションは六五万戸存在する。多くの問題要因を抱えるこれらの鉄筋コンクリート（RC）マンションの、対策&改善に関与していくことを決心した。

建物の劣化診断に基づき大規模改修工事のコンサルティングを通して改修工事まで担当する。勿論各住戸の診断及び相談も行い、結露などコンクリートストレスの改善の為、木製化リノベーションも開始した。

建物調査から修繕完了まで

集合住宅を、居住者の良好な住まいとし、区分所有者の価値の高い財産とするには、より良い住環境を創造して、適切に維持管理することが極めて重要となる。このような点を重視しながら、建物や周辺環境の大規模な修繕や整備を実施する場合、集合住宅という特殊性を考慮した、確実な進め方と修繕後の適切な維持管理が必要となる。

建物の修繕や維持管理を適切に行なっていくには、建物全体の劣化や損傷の状況を十分に把握した上で、今後の長期的な修繕計画を考慮した修繕範囲と無理のない予算を設定する。

そして、修繕の設計や施工業者選定などを、居住者の「より住み良いための意見など」を十分に考慮して誰にも解りやすく進めていくことが大切だ。これらは、居住者全員の「自分たちの住まいを住みやすくする活動の一環」として行なわれるべきだろう。

大規模修繕工事完了までの流れ

マンションが適切に修繕されるためには、居住者の大多数が建物の状況や仕組み、あるいは修繕完了までに至る進め方などを正確に把握して、正しい理解の下に確実に処理されていくことが大切である。

特に大規模修繕工事の場合は、その検討に着手した時から工事完成までの各段階において、居住者にも正しい理解をしてもらうことが極めて重要である。

これが不十分であると、思わぬトラブルに陥るなど修繕が適切に行なえないばかりか、居住者が自らの住まいに対して無関心・無責任になって役員のみが苦労し、修繕してもマンションの環境が良好に保てなくなる。

ここに居住者・管理組合（役員）・協力する専門家（コンサルタント）及び工事

業者等のそれぞれが必要な役割を果たしていく必要性があり、特に全体をコーディネートしていく専門家（コンサルタント）と管理組合役員の密接なる連携は極めて重要になる。この点が建物修繕の成否を大きく左右することになるのである。

以下にマンションの大規模修繕工事を行なう場合の基本的な流れを示す。

大規模修繕の進め方と合意形成

A　専門家選任　（コンサルタント）

B　劣化診断

・劣化状況の正確な調査
・診断報告会
・劣化状況の正しい理解
・修繕範囲と予算の設定
・中・長期的修繕計画と予算設定

C　修繕設計・工事費予算書

・工事中の対策・見積要項作成
・施工業者選定

・施工者としての信頼性評価
・工事契約
・工事説明会
・居住者の理解と協力
・着工

D　工事監理

・完成
・引渡し

成果事例　驚くべき実態を体験
【マンション大規模改修工事コンサルタント業務を担当して】

いい家塾が、築二八年の八六戸のN分譲マンションのコンサルティングを行った。ここは想像以上に劣化が進行していた。築二〇年時に行った改修工事が不適切であった事も診断で判明した。

改修工事を担当したのはこのマンションを建築施工した㈱長谷工コーポレーショ

ンである。

改修業者の選考に当たり、管理会社の長谷工コミュニティが三社の競争入札を行ったのだが、驚くべきことが分った。なんと、有りえないことだが三社の見積り金額が全く同額であったのだ。その中の一社であった㈱長谷工コーポレーションがこの改修工事を行っていた。

このような事例は氷山の一角であり、管理組合の皆さんが自己責任において「善悪」を峻別し、善良な業者に巡り会える事が最重要だが至難であると言わざるを得ない。マンションは築一〇年毎に大規模改修工事が必要。しかし、管理組合の積立金で賄えないケースが多い事も悩ましい課題である。

解決策「後悔しないために第三者の活用」

マンションの大規模修繕を管理会社にお任せで頼んでしまったら、必要以上の過剰な工事になってしまったり（施工業者からすれば、高価な仕事の方が儲るし、品質も高くなる）、安い金額で納まったと思ったら逆に手抜き工事になってしまっては意味がない。さらに設計だけでなく、監理という工事を管理組合の代わりに第三者がチェックするという仕組みも大切である。

マンションのストックはまだまだ沢山あり、今後どんどん大規模修繕工事が増えてゆくかと思うが、管理組合の側に立って、技術的な問題、金銭的な問題、管理組合の運営などについても相談できるコンサルタントが必ず必要になってくるものと考える。

次に、クライアントの管理組合の理事長さんの述懐を、どうか同じ立場の方にお読みいただきたく思う。

「いい家塾」に期待すること

分譲マンション管理組合 理事長　O氏

昨年末、私の住んでいるマンションの大規模修繕工事が終わり、明るい外観に生まれ変わりました。塗料には世界初の最先端テクノロジーで開発された環境対応と高機能を併せ持つ「ナノコンポジット」が使われています。住民から「前回の工事と違い嫌な臭いで悩まずに済んだ」と喜ばれました。なにより、限られた予算の中で効果的に必要な工事だけを進めることができたのは、「いい家塾」のお陰だと思っています。

日本には四五〇万戸のマンションがあると言われています。居住者数は、約千百万人で都市に集中（首都圏一八・九八％、近畿圏一四・一七％）。築一〇年過ぎから大規模修繕が必要となり、建物によっては三〇年で建て替えなければならないものもあります。

大規模修繕の必要なマンションは増え続けています。しかし、維持管理を管理会社まかせにしていると、気がつかないうちに不必要な工事を不適正な費用ですることになってしまいます。

私の住んでいるマンションも例外ではありませんでした。今回の大規模修繕は二回目ですが、診断の結果、前回工事がかなりの手抜きがあることが判明したのです。出来上がってしまったものは見た目だけでは全くわからないのです。

じゃあ、住民だけでできるのか？　それもノーです。良心的な業者に出会ったとしても、その業者はより良い工事をするために予想以上に経費がかかってしまう可能性があります。たまたまマンションに専門家が住んでいたらある程度はわかるでしょう。しかし、その人に責任を負わせることは後々のトラブルの原因にもなってしまいます。そこで必要になってくるのが第三者機関なのです。

「いい家塾」は住宅問題に取り組み、正しい情報を伝えている団体です。木の家の素晴らしさを伝え、後悔しない家造りを提唱しています。庭付き一戸建ては確かに多くの人の夢です。しかし、都会に住む人にとってマンションは避けられない選択肢となります。大規模修繕の経費は規模によって数千万円から数十億円にもなります。そこにたくさんの業者が群がっています。

住み手が後悔せず、まともな業者がちゃんと仕事ができる環境にするためにも、「いい家塾」が関与すべき場所はたくさんあると思います。これからの活躍を大いに期待しています。最後に、自分達の住むマンションですから管理会社一任ではなく、自戒の意味からも賢明な住民になることです。

川柳　「億ションは　ハクションしたら　吹っ飛んだ」　遊楽

マンションの悩みを木製化リノベーションで解消

RCマンション住人の悩みを多く聞いてきた。コンクリートの宿命の悩みを後述するが、解決策として木製化で全面改修であるリノベーションをお勧めしている。

静岡大学農学部が、三種類の環境の違いによる、子マウスの飼育実験を行った。本塾の講座で「生命を育む」というこの記録映画を教材として鑑賞する。木に囲ま

リフォームとリノベーション」の違い　国土交通省の定義

・リフォームとは、新築時の計画に近づくように復元する「修繕」

・リノベーションとは、新築時の計画とは違う次元に改修する「改修」

つまり、不具合や時代に合わなくなった、用途や機能を最新のものに刷新し、性能を向上させるものである。（CMでおなじみの住友不動産の「新築そっくりさん」は定義に則すとリフォームの修繕）

れているとなんとなく心地良い。では、その心地よさと寿命は関係があるのか？次ページに実験結果を報告する。

この結果を見ても、やはり木に囲まれている環境は生き物にとって生きやすいのだろう。鑑賞後、全員が結果に驚き、住環境の大切さを再確認した。

驚きの結果　マウスの住環境別の生存率

静岡大学農学部が、三種類の環境の違いによる、子マウスの飼育実験を行った。木に囲まれているとなんとなく心地良い。では、その心地よさと寿命は関係があるのか？　それを調べた実験である。

同じ環境にセットした木製、コンクリート製、金属製の各三個ずつの箱（ケージ）に、それぞれ生まれたばかりの子マウスを入れ、体重の増減と二三日後の生存率を調べたもので、驚きの結果になった。

コンクリート製のマウスは、かわいそうだが一〇日たった時点でほとんど死んだ。二三日後の生存率で比較すると、木製ゲージが八五・一％、金属製ゲージが四一・〇％、コンクリート製は僅か六・九％と大きな差が出た。体重増加率も木製ゲージの

マウスの仔のゲージ別生存率

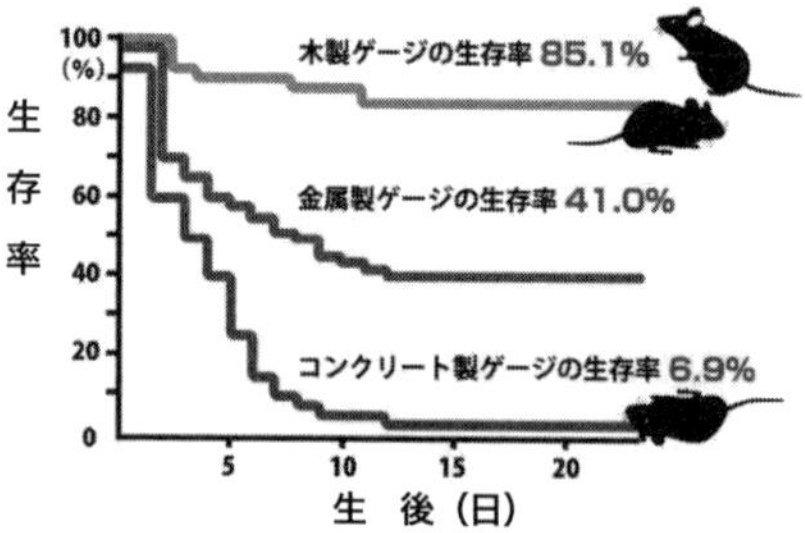

資料：伊藤他 静岡大学農学部　報告（1987）

マウスが一番増加していた。また、臓器や生殖器も木製ゲージが発達していた。鉄やコンクリート箱の子マウスは暴れたり、落ち着きがなかった。

皆が一番ショックだったのは、コンクリートゲージで母マウスが子マウスを食い殺すことだった。最近母親の我が子への虐待事件が頻発するが、鉄筋コンクリート住宅が大きな原因だと思う。この結果を見ても、やはり木に囲まれている環境は生き物にとって生きやすいのだろう。

鑑賞後、全員が結果に驚き、住環境の大切さを再確認した。

住いの一重苦＝シックハウスとは何か

シックハウス症候群が話題になり始めたのは、二五年ぐらい前からだったと思う。病気になる家とはネーミングもすごいが、事実である。

新築の家やリフォームした家に入居後、なぜか体のだるさが続いたり、耳鳴り、めまい、動悸、皮膚炎が治らない、といった症状が続く。ひどい場合は寝込んでしまい、日常生活すら送れなくなるという事例が数多く報告された。

シックハウスの原因は、ホルムアルデヒド、クロルピリホス、ベンゼン、スチレン、キシレン、テトラデカン、ダイアジン、トルエン、アセトアルデヒド等その他多く有る。石油系のＶＯＣといわれる揮発性有機化合物が原因である。

建材や断熱材、塗料や接着剤など多方面で使われている石油化学製品だ。ＶＯＣは現在、百種類も建材や家具、商品に使われているという。

これらが建材等に多く含まれていると、家が完成した後室内にじわじわと発散し、部屋の空気を汚染する。新築の家に入ったとき、鼻をつくツンとした臭いがすることがある。「新築のにおいがする」と喜ぶ人がいるが、あの臭いの正体は、建材等に含まれているさまざまな化学物質だ。決して喜ぶようなものではなく、健康を損なう危険な臭いである。

私は「子供受難時代」だと指摘していて、学校へ行きたくても行けない不登校の現実がある。

それは、一二万六千人の不登校の児童生徒の多くがシックハウスやシックスクールが原因で、シックハウス症候群や化学物質過敏症に罹患しているのだ。

ところが、シックハウス症候群はよほどひどい症状にならない限り、普通の疲れや体調不良と区別しにくく、気づきにくい病気だ。

同じ環境に住んでいても症状が出ない人もいるため、「わが家はシックハウスなのかもしれない」と疑い出すのが遅れてしまう。また子供や女性が男性より罹患者が多いそうだ。

これは予測に過ぎないが、なんとなく体調が悪いなと思いつつ、それをシックハウスのせいだと気がついていない「無自覚シックハウス症候群」の方は、相当たくさんいるのではないだろうか。

化学物質過敏症の恐怖

「いのちの林檎」という、ドキュメンタリー映画の観賞会を主催した。化学物質過敏症（ＣＳ）の主人公が、近所のゴルフ場に散布した農薬で息が出来なくなり、母と二人で呼吸のできる場所を探して車で旅に出る。

まさに生死をさまようような過酷な日々を余儀なくされた若い女性の記録である。遂に、水も飲めなくなり生命の危機に瀕した時、命を救ったのは無農薬で栽培されたりんごであった。

上映後に、ご自身のシックハウス体験をもとに、アレルギー科の吹角医師の記念講演を興味深く聴いた。化学物質過敏症の患者は七〇〜八〇万人と推定され、原因の五九％がシックハウスで、トップだという。

吹角医師は、ご自分の家を大手ハウスメーカーの今回問題の「大和ハウス工業」の豪邸を購入された。入居後家族全員がシックハウス症候群に罹患したのちに、さらに重篤な化学物質過敏症を発症し、大変な苦しみを体験された。

原因の一つが、複合合板製の床の裏に防虫剤として使用されていたクロルピリホスと、床下に散布された防蟻剤としてのクロルピリホスが、主要な原因とみられているという。

その家は売却もできず空家の状態だそうだ。現在、ご体験も活かしてシックハウス症候群や、化学物質過敏症の専門医として多くの患者の治療に貢献されている。大阪天満橋で診療しておられるのでお悩みの方は診察をお勧めする。

いい家塾では、日本住宅の五重苦のトップがシックハウスと位置づけ、原因と対策を授業している。常々、シックハウス症候群や化学物質過敏症の存在と恐怖を知ってほしいと言ってきた。余りにも消費者は無頓着で無防備であることに警鐘を鳴らしてきた。

リフォームや新築の我が家に入居後、シックハウス症候群になりさらに化学物質過敏症になる人が益々増加している。しかし、この危険な実態をマスコミは取上げない。なぜか？

それは、原因物質の排出企業がメディアのスポンサーであるからだと、私は思っている。

住まいには多くの石油化学製品が建材や塗料、接着剤、洗剤などの生活用品などに多く使われている。これがＶＯＣ（揮発性有機化合物）を発散させ室内空気を汚染し、シックハウス症候群の元凶になる。

安易に高額な家や家具を買う事の怖さについて、この映画は警鐘を鳴らしてくれた。

知らない事のつけを払う事の無いよう、自己責任で良品と悪品を峻別する消費者になる以外、残念ながら防衛策はなさそうである。

化学物質過敏症とシックハウスの関係は

「家具の化学物質で女性が神経障害」という新聞記事を見た。購入したカラーボックスに含まれていた化学物質のホルムアルデヒドで神経障害になり働けなくなったとして、香川県の女性が損害賠償を求めた訴訟の判決で高松地裁は平成二一年四月二七日、販売のホームセンターに約四七〇万円の賠償を命じた。

判決理由で、女性がカラーボックスと室内で接触したことで、化学物質過敏症になったと認定したという。

化学物質過敏症（CS）とは、化学物質で主に揮発性有機化合物（VOC）の暴露によって健康被害が引き起こされる疾病で、患者数は約七〇万人と推定される。重症化すると普通の生活ができなくなるが、症状は個人差が大きい。

これに似た現象に「シックハウス症候群」がある。新築やリフォームした住居などで起こる倦怠感・めまい・頭痛・のどの痛みや呼吸器疾患などの体調不良の呼び名である。

上記、化学物質過敏症とシックハウス症候群の、原因物質はホルムアルデヒド・クロルピリホス・キシレン・トルエン・ベンゼン等々、一般的に石油化学工業製品に由来することが多い。これらが建材や家具の塗料や接着剤に、防腐剤、防蟻剤など多種多様で実に多く使用されている。

両者の類似性は、化学物質過敏症の罹患者の五九％がシックハウス症候群から重症化した患者であるという、専門医師の報告を聞いたことがある。

「事例紹介」

電車に乗れない人がある。特に女性に多いが、化粧品や洗剤などに反応する過敏症である。私も電車内で隣に座った女性が長時間化粧をしていて、化粧品の強い刺激臭で頭が痛くなった経験がある。

シックハウス症候群や化学物質過敏症の方が、対策を学びに来られる。一三期生のMさんが、念願のマイホームを建てられた。建物は「いい家塾」が担当したが、外構工事は奥様が友人に依頼された。

完成見学会に行って驚いたことに、玄関のアプローチに枕木が敷き詰められていた。中古の枕木だが、強力な防腐防虫剤等の薬剤を加圧注入処理されているので匂いがまだ残っていた。実は奥様はシックハウス症候群だと打ち合わせ時に聞いていたので、細心の注意をして建築してきたので大変残念だった。私は即座に造園業者に撤去してもらったのである。

ダイア建設シックハウス訴訟・勝訴判決について

新築マンションの部屋でシックハウス症候群にかかったとして、購入した女性が販売会社のダイア建設を相手に購入費や慰謝料など約八千八百万円の賠償を求めた訴訟で、東京地裁は一日、業者側に約三千七百万円の賠償責任があると認定した。原告側によると健康被害を認めた初めての判決という。

原告は神奈川県のイラストレーター岡谷貞子さん（48）。判決は、岡谷さんは入居前に症状が無かったことから「建材が原因でシックハウス症候群を発症し、化学物質過敏症に移行した」と因果関係を認めた。そのうえで、建設を請け負った別の会社が国の定めた基準に適合する建材を使用しなかったのに、ダイア建設側が彼女にリスクを説明しなかった点について「あまりにもずさん」と賠償責任を認めた。さらに完成後、適切な措置をとらなかった点も不法行為と認定した。

ダイア建設は昨年一二月、東京地裁に民事再生の手続きの開始を申し立て、再生計画が確定した。このため、判決は支払い命令ではなく、約三千七百万円を再生債権として認めた。原告側によると判決が確定した場合、支払いの能力の範囲内で賠償額が決まるという。

判決によると岡谷さんは、平成一二年横浜市鶴見区のマンションを購入して入居したが、直後から異臭を感じ、動体視力の低下や下痢に悩まされるようになった。二〇〇二年六月に化学物質過敏症と診断され、その後合成洗剤の匂いが耐えられなくなったり、咳が止まらない症状が出始めたため、同十二月に平塚市に転居した。

NPO法人「シックハウスを考える会」（大阪府四条畷市）によると、同種の訴訟が全

国で数十件起きているという。（毎日新聞　平成二一年一〇月二日から転載）

原告弁護団報告&感想

原因物質の解明等を担当

一級建築士　木津田秀雄氏　いい家塾・理事

平成一二年六月に引き渡されたマンションに転居してすぐ、飼っていたペットが死んでしまい、その後も本人の体調不調が続き、ついには化学物質過敏症に罹患されて、今はそのマンションには住んでいないという方からの相談でした。

依頼者は、すでにマンションから脱出して空気の良い郊外に避難生活を続けており、とにかく生きるのに精一杯で、弁護士にも相談することもできず、シックハウス事件の相談を聞いてもらえる弁護士に巡り合うのに数年を必要としました。そのため、瑕疵担保期間（無過失責任）が過ぎてしまったため、故意、過失を要件とする不法行為で裁判をせざるを得ない状態になっていました。その後、知り合いの弁護士からシックハウスに詳しい建築士を探しているとのことで紹介していただき、私が相談を受けたのは平成一七年になってからで、すでに引渡しから五年が経過していました。

幸いなことに、体調不良があったことから、ご本人がホルムアルデヒドの空気濃度を測定されており、平成一二年九月には〇・二一ppm（指針値〇・〇八ppm）、翌年七月には〇・一〇ppmが測定されていました。

マンションの引渡し時には、まだ建築基準法は改正されておらず（法改正は平成一五年）、シックハウスに関する規定は存在していませんでした。そのため、例え引渡し時にホルムアルデヒドが厚生労働省の指針値をはるかに超えていても、建築基準法違反にはならないという状況でした。

ホルムアルデヒドの放散原因と考えられるものは、マンションの床仕上げに使われていたフローリングと、床下地材のパーティクルボードでした。フローリングは当時のホルムアルデヒド放散等級のF2で建築基準法改正後には使用禁止になる部材でした。床下地のパーティクルボードも当時のホルムアルデヒド放散等級ではE1とされており、これも法改正後には使用面積の制限が生じる部材でした。

裁判では、建築基準法が改正される前においても、これらのホルムアルデヒド放散等級が大きい建材を使用したことにより健康被害が生じたことについて、ダイア建設に責任があるのかどうかが争われました。弁護団では、当時の建築団体のガイドラインや一般の書籍などを証拠として提出し、当時としてもF2のフローリングやE1のパーティクルボードを使用することの異常さについて訴えました。

裁判の後半に証人尋問として、依頼者の尋問を行うことになりました。しかしながら、依頼者は都会に出てくることが難しく（都会の空気が悪いため）、裁判官や書記官、ダイア建設の代理人などが山奥の避難場所まで出張して屋外で尋問を行うことになりました（普通の人が室内に入ると、服や髪についた匂いで室内が汚染されることから）。その際に、外の物干し竿にトイレットペーパーが伸ばして干されているのを裁判官が目撃して、これは何をしているのかと聞きました。依頼者は「こうして干しておかないと匂いが取れないため室内で使用できないのです」と説明したそうです。裁判官が裁判所を出ることも珍しいですが、屋外で尋問を行ったことは前代未聞だったかと思います。しかしながら、代理人弁護士の努力によって、屋外での尋問が実現したことによって、化学物質過敏症がどのような病気なのかについては、より理解していただけたかと思い、判決にも影響したのではないかと考えます。

判決では、F2のフローリングを使用したことについて「本件マンションの建設時点においては、ホルムアルデヒドの有害性は社会問題として広く周知されており、社団法人住宅生産団体連合会は、内装仕上材に用いる合板類をF1等級までのものとすると定め、大手開発業者も同様の動きを取っていたのであるから、建設に関与する専門業者であれば、ホルムアルデヒドを放散する建材を使用することに基づく被害の発生を予見し、その放散量が最も少ないF1等級の建材を選択することは当時においても、十分可能であったということができる」と判示し、ダイア建設の注意義務違反を認めました。

現在も、シックハウスに関する相談件数はあるのですが、残念ながら裁判で勝訴する可能性は著しく低いというのが現状です。

まず、シックハウスや化学物質過敏症に罹患した当時の、室内の化学物質の濃度の測定が行われておらず、結果として半年や数年経過してからの測定になることから、指針値を下回る数値しか出ず、結局、罹患時の空気濃度が不明となって、指針値との比較もできないことが多いというのが現状です。

また、測定が行われており、異常な濃度の化学物質があったとしても、その物質について厚労省が指針値を出していないケースもあり、そのような場合には、健康被害と当該化学物質との関係の立証が難しいという面もあります。

加えて、シックハウス症候群であるのか、化学物質過敏症であるのかについて診断ができる病院が全国で数箇所しかなく、診断書を得ることが難しいことや、他の病気との関係などを指摘されることもあり、病状面からの立証も難しいことがあります。

最近では、リフォームによるシックハウスの相談が増えています。リフォームでは、居住しながら工事を行うことも多く、接着剤や塗料が乾く間、多くの化学物質が放散している環境で生活することから、被害が出ているものと考えられます。

以上、シックハウス症候群や化学物質過敏症（CS）の恐怖や疾病の苦しみや対策等お伝えしてきた。右のように勝訴は極まれであること。訴訟になっても、原告の勝訴はほぼ見込めず、泣き寝入りが実情。対策はただ一つ。「悪品と良品を見分ける」こと以外自衛策はなさそうだ。

住まいの三重苦＝断熱

住まいについての重要なキーワードのひとつが「断熱」。断熱をどうするかで、人生が変わるといっても過言ではない。

断熱とは文字どおり、「熱を断つ」こと。具体的には、夏の暑い外気や冬の冷たい外気が家の中に入り込まないように建材などで遮ること。

昔の日本の家屋は、庇《ひさし》や縁側を設けて、太陽の光や熱をうまくコントロールしてきた。また、風が良く通るように、構造や間取りを工夫してきた。自然の恵みをうまく採り入れて、快適な環境をつくってきたのが日本家屋の特長である。

しかし、夏の猛暑や冬の極寒を防ぐためには、それでは十分ではない。ましてや、採光や風通しを考慮せずに建てられた家では、夏はクーラーが効かず、冬は底冷えから逃げられない。

いい家塾のモットーである、夏涼しく冬暖かい快適な家をつくるためには、自然の恵みを活かしつつ、同時に最適な断熱を施すことが大変重要になる。ただし、適切な断熱を施さなければ、断熱効果があがらないだけでなく結露を招いてしまう。断熱と結露は切っても切れない関係なのだ。

また、最近では、断熱効果をあげるために、「高気密・高断熱」といわれる家が登場してきた。しかし、万が一、化学物質を含む建材で建てられた家を「高気密」にすれば、シックハウスの原因を充満させる。今や、断熱はシックハウスの問題とも切っても切れない関係なのだ。それを解決するためには、化学物質の発散しない自然素材を使った家づくりをおすすめしている。

「断熱屋」山本順三氏の功績

日本の住宅の断熱材で、これまで最も普及してきたのがグラスウール。断熱性に優れているのは勿論の事、とても安価。但し、ガラスが原料ですから吸湿性や吸水性は殆どない。

現在多くの断熱材が開発されているが、是非吸湿性や吸水性に優れた断熱材を選んで欲しい。

本塾ではセルローズファイバー（CF）という断熱材を使ったZ工法を標準装備している。調湿性能に優れ外気温を家内に入れない、出さないため、夏涼しく冬暖かい健康住宅が実現した。結露を排除し・防音・防虫等高い性能も実証済みだ。

このZ工法を開発したのが㈱ゼットテクニカ代表で盟友であった埼玉県の山本順三氏だ。

彼は本塾のサポーターであり監事だったが、一昨年急逝した。誠に残念でならない。いい家塾の家が「住み心地のいい家」であるのも彼との出会いがあったからだ。

山本氏は、三〇年にわたり断熱一筋で自らを断熱屋と称し、多くの悩める人々を救済してきた。

セルローズファイバーは断熱性が高いうえに、素材自体に水蒸気を吸収する吸湿性がある。正確に言うと、水蒸気を吸収するだけでなく、冬の乾燥した季節には水蒸気を放出して湿度を調節する調湿性を備えている優れもの。

セルローズファイバーの原材料は新聞紙を細かく砕いて繊維状にしたもの。紙の原料は木ですからセルローズファイバーには、木の持っている調湿性が備わっている。しかも、細かく砕かれて綿のようになっているため空気を多く含み、木材そのものよりも断熱性が高くなっている。自然素材なので、人体に害がないのもお勧めする大きな理由。

セルローズファイバーZ工法の基本性能をまとめると、断熱・防露・防音・耐火・防虫・防カビ・防錆に於いても多くの高い性能が実証済みである。

彼の功績でセルローズファイバーが普及し始めたことは喜ばしい。彼の開発したZ工法以外の工法は、効果の差が大きく要注意なのである。

最適な断熱施工で結露を防ぎ、夏涼しく冬暖かい快適生活
解決策「断熱ってどういうこと?」

住まいで重要なキーワードのひとつに断熱がある。断熱材の素材を何にするか、どのような断熱工法を選ぶかによって、住み心地が天と地ほども違ってくる。また、住む人の健康にも大きく影響する。

しかし、「あなたの家では、どんな断熱を行っていますか」という質問に、「うちは○○という断熱材を□ミリ、△△工法で入れています」と即答できる人は、ほとんどいないと思う。

かろうじて、外張り断熱という言葉ぐらいは、コマーシャルなどで聞いたことがあるかもしれない。でもそれが、どのような工法で、メリット・デメリットがどうなのかは、ご存じない方が多いのではないだろうか。

しかし私は、それではいけないと思う。住み心地を左右し、健康にも大きく影響する断熱について、消費者はもっと真剣になるべきだ。「知らなかったから」で、泣きを見るのは、他でもないその家に住むあなた自身だから。

住み心地のいい家とは、一言でいえば、夏涼しく冬暖かい家。真夏の熱気や冬の厳しい寒さを室内に入れないように、また、快適な室温を外へ逃がさないように、建材などを使って熱をさえぎることが断熱。

そのために、最近の住宅はいかに隙間をふさいで高気密にするかを重視して、断熱材や断熱工法が開発されている。断熱と気密がセットで語られるのはこのためである。

「高気密・高断熱」の住宅では、注意しなければならない重要なことがある。それは、汚れた空気が部屋にこもってしまうこと。とくに、化学物質を多く含む新建材で建てた住宅では、シックハウスの原因となるホルムアルデヒドやクロルピリホスなどがこもってしまうことが心配である。そのため、平成一五年に改正された建築基準法では、建材への化学物質の使用が制限され、同時に、二四時間機械換気設備の設置が義務付けられた。

汚れた空気や有害物質を適切に排出するためだ。しかし一方で、自然素材を使えば、有害物質を元から避けることができる。いい家塾では、そちらの方が望ましい方法であり、本質的な解決方法だと考えているのでおすすめしている。

また、もうひとつ注意すべきは、断熱施工を適切に行わないと結露が発生することである。断熱の問題は、結露の問題でもある。夏涼しく冬暖かく快適に暮らすだけでなく、シックハウスや結露を防ぐためにも、自然素材の断熱材を使い、適切に断熱施工することがは非常に重要なことである。

住まいの四重苦=結露

冬の朝、目が覚めると、マンションなどでは窓にびっしり水滴がついている。ときにはそれがしたたり落ち、床や畳を濡らしている。冬の朝の日課は結露拭きから、という家庭も少なくない。結露は、住まいの宿命だ、仕方のないものだと思っている方もいるかもしれないが、決してそうではない。断熱材や断熱工法を適切に選べば、結露は防ぐことができる。

結露はさまざまな病気の原因となる。カビが生え、それをえさにダニが繁殖し、ダニの死骸や糞がぜんそくやアレルギーを引き起こす。まさにカビは万病の元と言っても過言ではない。

ビニールクロスの裏側、押し入れ、キッチンの裏など、目のいき届かないところにも結露は発生し、知らず知らずのうちに、カビやダニを育てている。それほど古くない家で、何か嫌な臭いがすると思ったときは、カビを疑って欲しい。

畳をあげると青カビがびっしりと生えていて当の本人も青くなった、という事例をいくつも知っている。そんな環境で寝転がったり、赤ちゃんがハイハイをしたりしているかと思うと、ゾッとすることだろう。ある医師から聞いたことがあるが、脳の中にもカビが生えるそうで、怖いことだ。

解決策「結露の発生するしくみ」

冬場、窓ガラスやサッシ付近にびっしりつく結露。結露は土台や柱などの構造材を腐らせる原因となり、家の強度を大きく損なって耐用年数を縮める。

さらに、結露はカビの原因にもなる。カビが生えるとバクテリアが発生する。それをエサにダニが繁殖して、喘息やアレルギーを引き起こすなど、健康にも良くない。建物にとっても、人にとっても、結露は万病のもとなのだ。

この厄介者の結露は、どうすればなくすことができるか？

敵を攻略するには相手を知ることから。まずは結露が発生するしくみをみていこう。

空気は窒素、酸素、二酸化炭素などの気体から成り立っているが、それとは別に水蒸気（水が気体となったもの）を含んでいる。水蒸気は非常に小さな気体で、酸素や窒素の大きさが一〇万分の三八～四二㎜であるのに対して、水蒸気は一〇万分の四㎜の大きさしかない。この空気中に含まれた目に見えない水蒸気（気体）が、冷たいものに触れて水（液体）になる現象が結露。

水蒸気が冷たいものに触れて水になるのは、温度によって水蒸気の飽和量（空気中に含むことのできる限度の量）に違いがあるから。温度が高いほど飽和量は大きく、温度が低いほど飽和量は小さくなる。

つまり、暖かい空気はたくさんの水蒸気を含むことができるが、それに比べて冷たい空気は水蒸気を少ししか含むことができない。

ですから、暖かい空気が冷やされると、空気中に含んでいられる水蒸気の飽和量が小さくなり、その量を超えた水蒸気は空気中にとどまることができずに、水になってしまう。これが、窓ガラスや壁に付着したのが結露である。

よく、水蒸気を湯気と混同されている方がいるが、湯気は水蒸気をたっぷりと含んだ熱い空気が一気に冷やされて、大量の水蒸気が小さな水滴（液体）となって空気中に漂ったもの。お湯を沸かしているヤカンの口をみると、口から少し離れたところで白い湯気になっているのが見える。

これは、沸騰して気体となった水蒸気がヤカンの口から離れ、まわりの冷たい空気に触れて、湯気となっているのだ。水蒸気は目に見えない気体であり、液体である湯気とは違うことを知っておいてほしい。

真冬の窓ガラスやアルミサッシに結露がつくのは、部屋の暖かい空気が外気に接しているガラスやアルミに触れて冷やされ、その表面で水蒸気が水になるからで、同じガラスでもペアガラスが結露しにくいのは、外側のガラスは外気に接しているが、二枚のガラスの間に空気層があるため、内側（部屋側）のガラスがそれほど冷たくならないからだ。

つまり、十分な断熱ができ、暖かい空気が冷たいものに直接触れないようなつくりにすれば結露は防げる。

断熱施工がきちんとできていない家は冬の寒さを防げないだけではなく、寒さをしのぐために室内を暖房で暖めるので、水蒸気をたくさん含んだ暖かい空気が室内に充満し、その空気が外気に冷やされた床、壁、天井など、あちこちの箇所で結露する。断熱が大事なのは暑さ寒さを防ぐだけでなく、結露防止にとっても重要な役割があるためである。

もうひとつここで確認しておきたい現象は、窓ガラスやアルミサッシは結露しやすいのに、障子や木枠には結露はあまり起こらない。これは、和紙や木材はガラスやアルミに比べて冷たくなりにくい（正確には熱伝導率が低い）素材であることに加えて、水蒸気や水を吸収する性質を持っているからだ。

そのため、水蒸気は結露する前に和紙や木材に吸収される。水蒸気を吸収する性質を「吸湿性」といい、水を吸収するのは「吸水性」。ガラスやアルミには吸湿性がないことも、結露が起こりやすい原因。このことも大切なので、覚えておいてほしい。

解決策「断熱施工の方法は、それでだいじょうぶ？」

夏の暑さや冬の寒さを防ぎ、なおかつ、結露を防止するためには、次の条件を満たすことが必要だ。

①　まず、当たり前のことだが、断熱性の高い断熱材で適切に断熱施工をすること。
②　結露の起こりやすい箇所（暖かい空気が冷たいものに触れる箇所）に、水蒸気を入れないこと、ためないこと。
③　水蒸気が発生してもそれを吸湿し、結露が発生してもそれを吸水する、つまり、吸湿性と吸水性を備えた断熱材を使うこと。

では、どのような断熱施工や断熱材だと結露が発生してしまうのだろうか。

さきほど説明した結露が起こるしくみを思い出してほしい。結露は、暖かい空気が冷たいものに触れる箇所にできるのだった。

戦後すぐに建った安普請の家は、断熱への配慮がほとんどなかったので、下図のように外壁と内壁の間が空洞で、そこに外気が入り放題だった。もっと極端な場合は、壁一枚で家の外と中が隔てられていただけだった。そのために、冬場に寒さをしのぐために室内を暖房すればするほど、暖まった室内の空気が外気で冷やされた内壁に触れて、（A）に結露が発生していた。当時に建てられた家は寒さや暑さを

戦後すぐの安普請の家は、断熱はなかった。（壁の中は空洞）

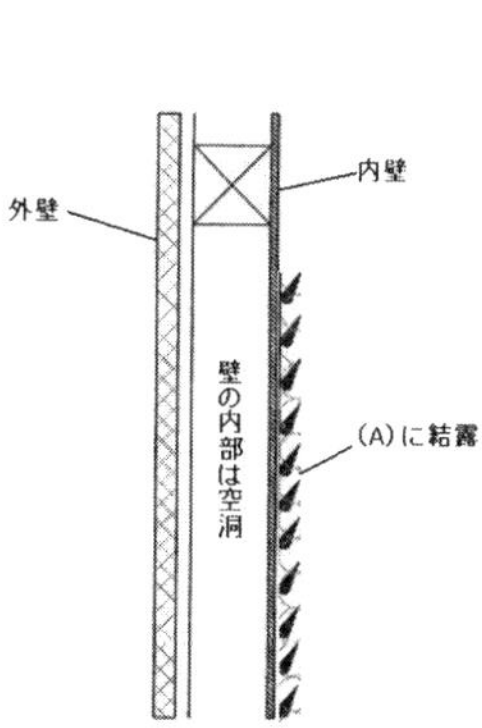

十分に防げないだけでなく、結露するのが当たり前の家だったのである。

そこで、外壁と内壁の間に、断熱性の高い素材を詰めることで、寒さや暑さ、結露を防ぐ家が建てられるようになった。しかし、下図のような断熱材が十分に充填されていない、いい加減な断熱施工では、十分な断熱効果が得られないだけでなく、結露も防げない。やはり、（A）に結露が発生してしまう。結露に悩む家の中には、残念ながら、このような施工が少なくなかった。

下図では断熱材が十分に充填されている。そのため、断熱もしっかりと効いているし、内壁が冷えないので、結露も起こらない。しかし、空気はわずかなすき間でも入り込むので、断熱材を十分に充填しているつもりでも、少しでも隙間があれば部屋の暖かい空気が壁の中に入り込み、外の冷たい空気と接する（B）の境目に結露が発生する。このように、壁などの構造の内部に発生する結露を内部結露という。

内部結露は目に見えない箇所に生じるので、普段の生活では気がつきにくく、放置されがちである。そのため、知らないうちにカビが大量発生したり、柱や土台などの構造材を腐らせたり、深刻な問題を引き起こす。

では、内部結露はどのように防げばいいのだろうか？

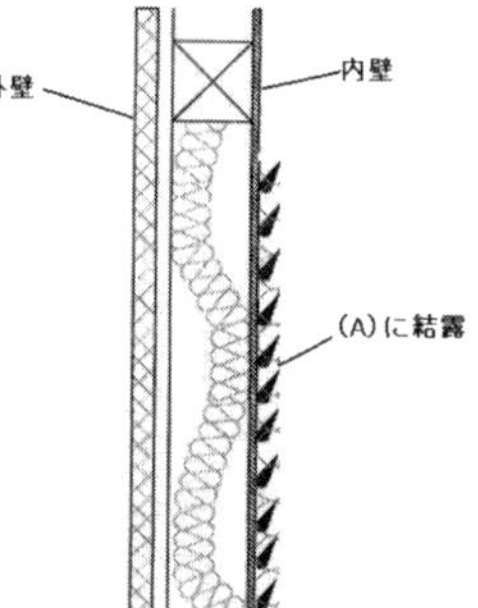

いい加減な断熱施工では、壁の内部はスカスカ。

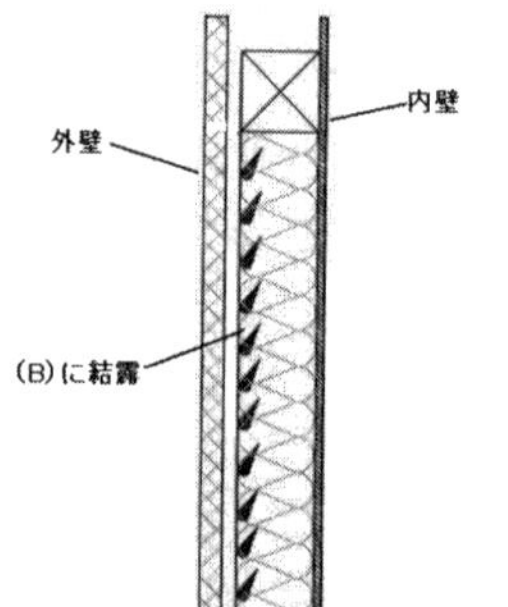

部屋の空気が壁の内部に入り込んで、内部結露が発生。

問題提起「高気密・高断熱の注意点」

内部結露を防ぐには、できるかぎり隙間なく断熱材を充填して、壁の内部に室内の暖かい空気の入り込む余地をなくすことが大切だ。

しかし、壁の内部は筋かいが斜めに渡されていたり、窓などの開口部があったり、コンセントボックスが出っ張っていたりして、けっこう複雑な構造になっているので、断熱材を充填して隙間を完全になくすことは実際には非常に困難。

では、発想を変えて、そもそも壁の中に部屋の暖かい空気が入らないように、完全にシャットアウトすれば、内部結露は起きないのでは？

そう考えて登場したのが、内壁材の下地を「防湿シート」で完全に覆って気密を徹底的に保つ状態にした家である。

いわゆる「高気密・高断熱」と言われる住宅の多くでこのような施工方法がとられている。

確実に施工すれば、室内の暖かい空気（水蒸気）が壁の内側に入り込まないので、確かに、冬場の内部結露は抑えられる。

しかし、高気密であるということは、室内の湿気（水蒸気）や汚れた空気も外に出ていかない。こうして閉じ込められた湿気（水蒸気）は、暖房が届きにくく室温

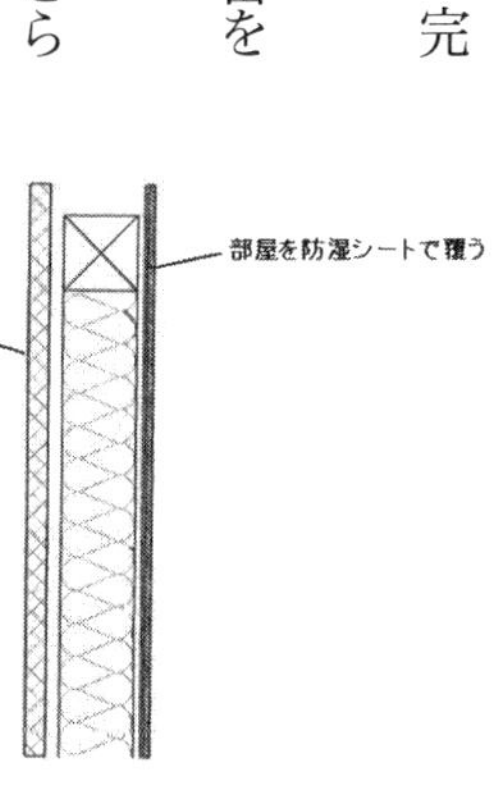

部屋を防湿シートで完全に覆った高気密・高断熱の施工。

が下がるタンスの裏の壁や、押し入れの合板の表面で結露となる恐れがある。ビニールクロスや合板は吸湿性がないからだ。さらに、内装材に化学物質を含む素材を使用している場合に高気密にすると、シックハウスの原因を充満させる恐れになる。

これを解消するには、何をしなければいけないか？

そう、換気である。実際に、高気密・高断熱住宅では、換気の重要性を説いている。

前述したとおり、平成一五年に改正された建築基準法では、二四時間機械換気設備の設置が義務付けられた。しかも、同法では、換気回数は一時間に〇・五回以上を満たすことが必要だとされている。これは、二時間で一回以上、つまり、部屋の空気が二時間で全部入れ変わる必要があるということ。ホルムアルデヒドなどの揮発性有機化合物や、部屋に滞留している汚れた空気や水蒸気を排出し、きれいな空気に入れ替えることが目的である。

二四時間機械換気設備の設置は義務付けられているので、「いい家塾」でも順守している。

私は「防湿シート」で「高気密」にしたうえで、一方で二四時間換気をしなければならないというのは、矛盾した方法だと感じている。これは国が現在の住宅はシックハウスであると認めたことになる。

本質は、有害な化学物質建材の使用を禁止すれば解決するのに、いつも対処療法でお茶を濁す。これも、業界擁護としか受け取れないと私は指摘してきた。

「高気密」でない一般の住宅なら、壁と床、壁と天井の継ぎ目、あるいは、窓などの開口部の周辺に空気の出入りする程度のわずかな隙間はあり、一時間に〇・五回以上の換気は自然にされる。そのうえで、調湿性や透湿性のある自然素材で断熱施工をすることが、より健全な方法だと考えている。「いい家塾」でおすすめしている断熱施工を説明しよう。

「高気密・高断熱」でも起こる逆転結露

ところで、高気密にして壁の内部に室内の暖かい空気（水蒸気）が入り込まないようにしても、内部結露が生じる場合がある。逆転結露という現象だ。

いままで説明してきた内容は、冬の結露を想定した対策だった。しかし、ご存知の通り、日本には四季がある。日本で暮らす限り、夏になれば高温多湿になり、冬になると低温乾燥するのが宿命だ。四季の移ろいは美しいものだが、簡単に衣替えができない「家」にとっては、なかなか厳しい環境である。

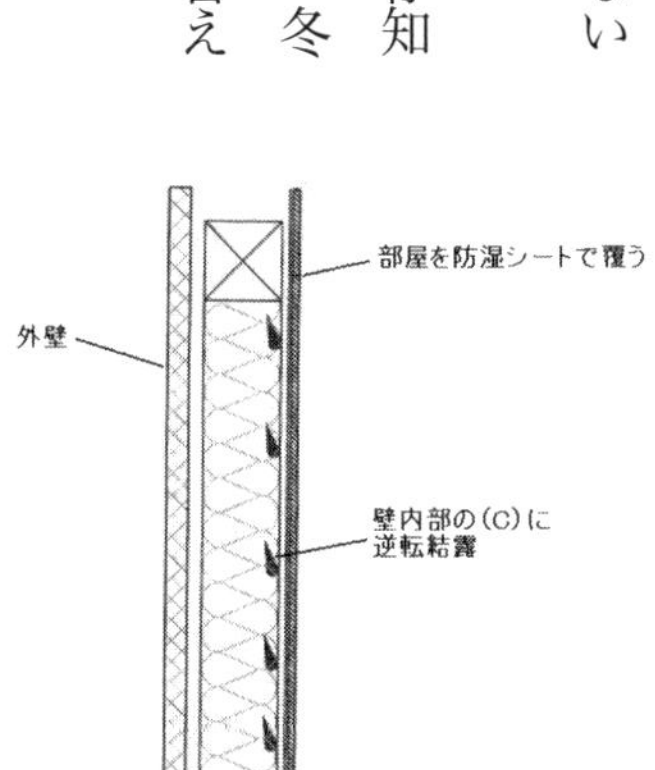

熱い外気が壁の内部に入り込んで起こる、逆転結露。

蒸し暑い真夏の日に室内でクーラーを入れれば、冬とは逆で内側が冷たく、外側が熱い状態になる。つまり、今度は水蒸気を含む熱い外気が壁の中に入り込み、冷えた室内と接する（C）の境界で結露が起きてしまう。これを逆転結露という。

このように、水蒸気を含む暖かい空気はわずかでも隙間があれば入り込み、冷たいものに接する箇所があるなら、どこにでも結露は起こる恐れがある。

解決策「結露を防ぐ鍵は、調湿性と透湿性」

「防湿シート」で「高気密」にしなくても、吸湿性や吸水性にすぐれた断熱材を使い、適切に断熱施工をすれば、結露は防ぐことができる。室内の暖かい空気（水蒸気）が多少、壁の中に入り込んでも、断熱材が水蒸気を吸収してくれるからだ。

日本の住宅の断熱材で、これまでもっとも普及してきたのはグラスウール。断熱性にすぐれているのはもちろんのこと、とても安くて、施工のしやすい断熱材。ただし、ガラスを材料にした（繊維状に加工した）素材なので、吸湿性や吸水性はほとんどない。今は、非常にさまざまな断熱材が開発されている。ぜひ、吸湿性や吸水性にすぐれた断熱材を選んで使う「いい家塾」ではセルローズファイバーという断熱材がおすすめだ。

セルローズファイバーは断熱性が高いうえに、素材自体に水蒸気を吸収する吸湿性がある。

正確にいうと、水蒸気を吸収するだけでなく、乾燥した季節には水蒸気を放出するので、まわりの湿度に応じて水蒸気を吸放出して湿度を調節する調湿性を備えている。

セルローズファイバーの原料は、新聞紙を細かく砕いて繊維状にしたもの。紙はもともと木からできているので、その繊維は木質繊維に分類される（グラスウールは無機質繊維）。つまり、セルローズファイバーには、木の持っている調湿性が備わっている。しかも、細かく砕かれて綿のようになっているため空気を多く含み、木材そのものよりもさらに断熱性が高くなっている。紙でできているので、人体に害のない自然素材であることも、おすすめする大きな理由。

下図は、セルローズファイバーを使った断熱施工の事例。内壁には「防湿シート」を貼っていない。壁の内部にセルローズファイバーを十分に充填するが、多少は部屋の暖かい空気（水蒸気）は入ってくる。

しかし、それを吸湿するので、内部結露はほとんど起こらない。

また、外壁の下地には「透湿・防水シート」を貼る。これは、水蒸気だけを通し

セルローズファイバーと自然素材を使った断熱施工の例。

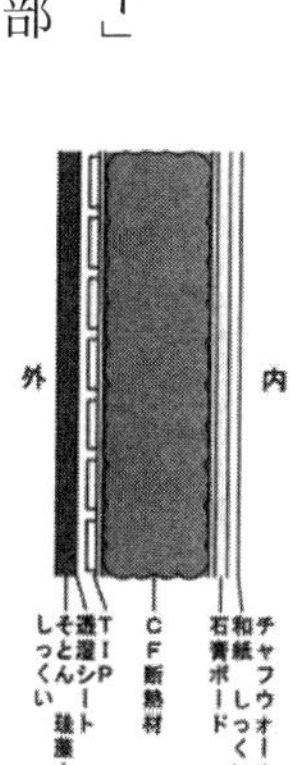

て、空気（酸素や窒素）を通さない性質をもったシート。水蒸気は酸素や窒素よりも小さな気体であることは覚えているだろうか？　つまり、酸素や窒素は通れなくて、水蒸気なら通れる大きさの穴が無数に開いているから、壁の内部の水蒸気は、このシートを通過して外部に出ていく。「防水」機能も備えているので、雨が壁の内部に入るのも防いでくれる。

解決策「適切な断熱施工でエコロジーな家を」

最後に、最近よく耳に知る「外張り断熱」についても簡単に触れておこう。

この断熱施工の大きな特徴は、壁の内部に断熱材を充填するのではなく、柱の外（外壁の下）にポリスチレンフォームやウレタンの断熱ボードを打ちつけて、基礎から屋根まで途切れずぴったりと家の外側を覆ってしまう工法。また、断熱ボードの内側には「防湿シート」を貼って、気密性を保つ。それによって、壁の内部までを室内側にすることで内部結露が抑えられる。

しかし、壁の内側であっても外側であっても、「防湿シート」で「高気密」にした以上は、二四時間機械換気は必須になる。また、外張り断熱は、壁の内部が空洞のため反響音があったり、柱に直接ボード状の断熱材を打ち付ける工法のため、断熱材自体の厚みが十分に取れなかったり、施工コストが高いなどのデメリットもあるので、「いい家塾」ではわざわざ「外張り断熱」を選択する必要はないと考えている。

いずれにしても、結露にお悩みの方は多いと思う。そういうものだとあきらめて、せっせと床や窓ガラスを拭いているのではないか。でも、決して、それが当り前ではない。調湿性、透湿性にすぐれた自然素材で適切に断熱すれば、結露は発生しない。これが、当たり前の結論だ。

断熱材には何を使っているのか、その工法は？　内装材は？　これからは、そのような目で家をみて欲しい。そのうえで、建築士や施工業者と相談して、調湿性や吸水性、透湿性にすぐれた素材を選ぶようにしてほしい。

「事　例」

近所に建売住宅が一カ月ぐらいで完成した。間口の狭い長方形の三階建ての家だが、驚いたことはエアコンの室外機が七個も設置されている。たぶん、夏暑く冬寒

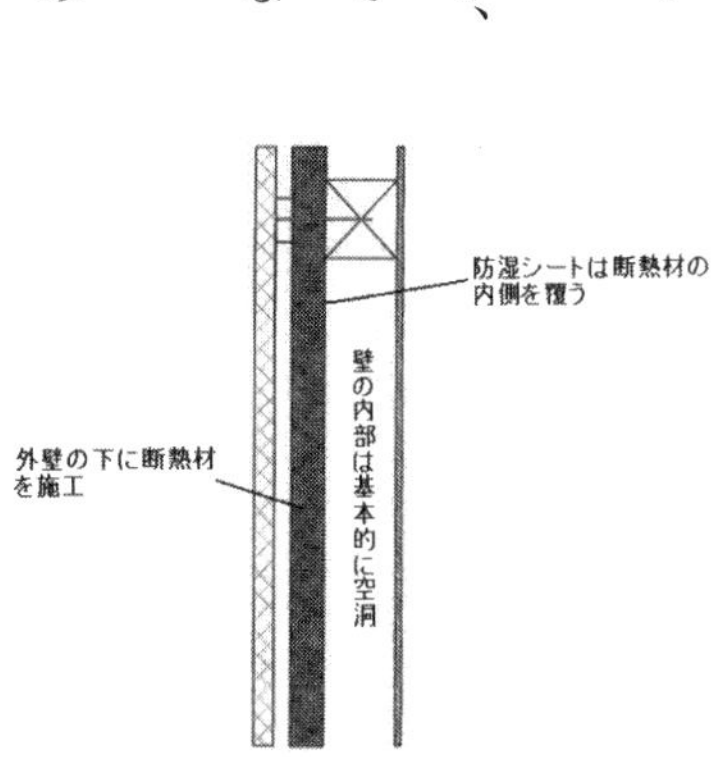
防湿シートは断熱材の内側を覆う
壁の内部は基本的に空洞
外壁の下に断熱材を施工

外張り断熱では、壁の内部は室内側となる。

い家なのだろう。

エアコンの費用に加えて、毎年の電気料金は多額になる。それと、二酸化炭素の排出量も多大だ。これからは、住宅分野での二酸化炭素をはじめとする温暖化ガスの削減が国の大きな方針となる。賢明な消費者として、電気料金を節約すると同時に、地球環境を守ることも責任だと思ってほしい。

住まいの五重苦＝音

住宅に関するクレームのトップ、それが「音」。

マンションなどの集合住宅では、日常茶飯事のように音のクレームが寄せられていると聞く。一戸建ての住宅でも、家族のたてる音がうるさくてケンカになったり、本山※さんのように、風の音で夜ぐっすり眠れなかったりと、何かとトラブルのもとになっている。

生活音は「お互いさま」なところがあるが、隣家の水洗の音、話し声、ときどきおならの音まで聞こえてくるようでは、精神的によくない。豪邸に住んでいるのに、音の悩みのためにストレスがたまっているという方は案外多いものである。

※第五章で紹介

音の正体は、空気の振動だ。その振動をはねかえせば音は響くし、振動の伝わる効率が良ければ音は遠くに届く。逆に、振動を吸収し、振動を伝えにくくすれば、大きな音を防げる。

音をよく吸収するという点でも、実は、木はすぐれた素材である。床、壁、天井が木でできている部屋では音はそれほど反響しない。代表的なのはコンサートホールだ。音の乱反射を防いでいい音楽を楽しませてくれる。

「問題事例」外張り断熱の家の悩み

郊外の閑静な住宅地にあるこのお家は、問題をおこした大和ハウスの外張り断熱の家だった。玄関のドアを閉めるとバターンと大きな金属音がしたので、先ずびっくりした。ダイニングテーブルでお茶を頂いたのですが、コーヒーカップの音が響く。奥さんの動作がとても慎重だ。階段の音、トイレの音、ドアの音など、家中様々な音が響き渡ると説明された。

契約時の一番のポイントが、お嬢さんがピアノを教えておられるので防音対策を約束したが、音が外に漏れるそうだ。

窓や壁に発泡スチロールが張り巡らせてあったので聞いたら、大和ハウスが行った防音対策がこれだと嘆かれた。外からの音も同じく入ってくる。窓は全て常に閉めきっておくそうだ。

原因は外張り断熱工法だからだ。内壁断熱は柱と柱の間に断熱材をギッシリ充填するが、外張り断熱は柱の外〔外壁の内側〕にポリスチレンフォームやウレタンの断熱ボードを打ち付けて、基礎から屋根まで途切れずぴったりと家の外側を覆ってしまう工法。

故に壁の中は空胴だから、太鼓と同じ原理で音が良く響く。家自体が大きな太鼓になっているのだから、その室内は全ての音が響き渡るので悩みは深刻だ。原因と原理はご理解いただけただろうか。住宅産業界は顧客を獲得すべく、あの手この手の目新しい物で莫大な宣伝広告費を投じてくる。消費者は自己防衛の為に「善品と悪品を」峻別する賢明な消費者にならなければならない。

大和ハウス工業では最近、健康に配慮した住宅開発を進めているという。尿を分析して生活習慣病の予防に繋がるというトイレを開発するという。情報技術（ＩＴ）や人工知能（ＡＩ）を活用した研究を進めているそうだ。事例の様に外張り断熱もＰＲに余念がない。科学の先端を行くＩＴ＆ＡＩでスマートハウス（賢い家）と宣伝するが肝心なのは、家その物の基本性能に注力すべきではないのか。ここでも主客転倒を指摘したい。

以上が「シックハウス・コンクリートストレス・断熱・結露・音」現代の家が抱える五重苦である。

あなたにも思い当たる節があったのではないだろうか。逆にいえば、この五重苦を取り除くだけで、住み心地は抜群に良くなる。

いい家とはなんですかと聞かれて、答えられない人でも、「いい家とは、夏は涼しく冬は暖かく、カビやダニに悩まされず、病気にならず、ストレスなく暮らせる家のことだ」と説明すると、そのとおりだと共感されるだろう。

「いい家」とは、まさにそういう家なのだ。決して豪華な家ではない。安全で、快適で、長持ちする家。家族が健康で平和に過ごせるという、平凡でささやかな願いをかなえられる家なのだ。本塾の合言葉は「家笑う」である。

人々を悩ませる、住まいの「五重苦」

さて、欠陥住宅や短命住宅など、資産価値のない家を買って「こんな筈では無かった」と後悔する人が後を絶たない。その内容を私は日本の住宅に潜む五重苦と位置づけ、いい家塾の講座で対策を授業している。
一重苦：シックハウス　二重苦：コンクリートストレス　三重苦：断熱　四重苦：結露　五重苦：音である。読者の皆さんに、どれか一つ位は思い当たる点があるのではないだろうか。気掛りな方は、お気軽にご相談のほど。

第三章　問題とは何か

問題とは、「当事者が認識しない限り存在しないものであり、正常方向から逸脱した状態をいう」と定義した。なぜ人は問題行為を行うのか。さらになぜ繰り返すのだろうか。

さらに、問題行為を問題とは知らず、平気で周囲に迷惑をかけている事もあるのではないのか。私自身が気づかないまま、平然と問題行為を犯してきたのだろうと考えた時、自責の念で冷や汗が噴出したのを思い出す。

以前、「問題とは正常方向から逸脱した状態」と辞書で読んだ。それだけでいいのかと不完全を感じた。そこで前段に、当事者（本人）が、認識しない（無意識）限り存在しないものであると、主語を明確にし、二段構成にして、「問題とは」の定義を誕生させた。

前東京都知事だった舛添要一氏の辞任に至る事象が、恰好の問題であったので事例に引用した。この場合、正常方向とは政治資金規正法そのものであり、これの遵守である。

彼の問題は、政務活動費という公的資金を私的に使ったと言われている。そうであれば、公私混同が正常方向から逸脱したのだ。氏は弁明に終始し反省と謝罪のないまま辞職に至った。

氏は私的に流用していないと弁明したが、認識していたなら、正常方向から逸脱した問題行為であり確信犯になる。多くの方の関心事であったので、この定義の理解が得られた。

私はこの定義を経営コンサルティングの現場で解説し役立ててきた。顧客企業の問題提起から課題解決や経営戦略構築などで、改善改革などに活用してきた。

「光と影」を振返る時「負」の要素である影は、「問題と非常識」が必ず関係している。家を買ってこんな筈ではなかったと、後悔する人が余りにも多い。

その原因は、良品と悪品を峻別する知識が無かったこと。そして、余りにも安直に高額な家を買ってきたのが問題と原因であった。

私は「いい家とはどんな家ですか？」とよく質問するが、答えられない。また「どんな家が欲しいですか？」と聞いても答えられない。

「家」とは何か。この本質をまず押さえて欲しい。そして、「私はこんな家が欲しい、こんな家に住みたい」。と明確になって初めて家づくりへのGOサインが出せるということである。

大聖釈尊は衆生の「無明」の苦しみや哀しみを憐れんで、仏の教えを説かれた。明かりとは「善悪を見極める智慧であり光」であると。衆生は無明なるがゆえに、願わない苦しみの種を平気でまいていると諭されて、「善因善果・悪因悪果」「因果応報の理」を説かれた。

原因が有っての結果。「蒔かぬ種は生えぬ」のである。

住宅産業界の問題点
「衣食足りて住貧を知る」

さて、いい家塾の設立理由は、次の四分野の住宅に係る問題点が余りにも多く深刻であったからに他ならない。家を買って「こんな筈ではなかった」と後悔する消費者が大変多く後を絶たないからだ。

それらは、住宅産業界そのものであり、さらに行政や大学、そして消費者自身でもある。

我国の住宅の平均耐用年数が二六年という短命住宅であり、これでは最長三五年のローンを払い終わる前に寿命がきて、建て替えなければならない理屈になる。また欠陥住宅など資産価値のない家も多い。夏の暑さ、冬の寒い家はほぼ多くの悩みでありわかりやすい。

また、住まいの五重苦がある。それらは、シックハウス・コンクリートストレス・

断熱・結露・音の問題で、これらは健康を害し疾病を生み、社会問題に発展し訴訟問題も多く発生している。

大手ハウスメーカーの戦略は、新築して一五年後にリフォームし、三〇年未満で建替えるというワンセットのシナリオで運営している。住宅をまるで耐久消費財とみなす経営戦略は、余りにも傲慢と言わざるを得ない。

また、国土交通省の工業化偏重の住宅政策は、世界に誇る日本の木構造建築技術を否定し、技術の衰退を助長している。零細な工務店の存続を圧迫し、伝統ある木構造技術が消滅していく危機だ。

なにより、住宅はオンリーワンが基本であり常識なのに、画一的な「大量生産・大量販売・早期大量廃棄」の企業戦略は傲慢横暴と言わざるをえない。その結果、地域の工務店や優秀な技術職人が活動の場を失い、地方の過疎化の主因は地場産業の衰退という悲しい現実もある。

一）余りにも企業本位であり、傲慢であった。特に大手ハウスメーカーの工業化住宅のプレハブは、「安全・安心・信頼」をキャッチフレーズに、工業製品住宅のブランド化と、日本人の家の基準を「早い・綺麗・簡単・便利・都会的・斬新・スマート」を謳い、全国一律で大量販売に都合の良い企業本位の合理性優先に誘導してきた。また、外張り断熱などと、新企画商品を次々投入してくるが問題が多い。

最近は「スマートハウス」といい、ITやAIを活用して外出先からの遠隔操作などを宣伝している。

私はその前に、家そのものの機能や性能を優先して注力し、改善すべきでないかと言ってきた。

二）そもそも、住宅はオンリーワンが理想である。画一的な「大量生産・大量販売・早期大量廃棄」の商品ではない。「いい家」は個別の多種多様な希望やニーズに応えるオンリーワンが原則である。住まい手と造り手が一体になって手造りで可能になる。こんな最適な家造りが理想でなく常識であるべきだ。

三）有害な石油化学製品を使い続けた結果、シックハウスを造り、企業は反省も無く「病気になる家」を売り続けてきた。人の健康と幸福をそこない地球環境を破壊してきた。これは、利益最優先の為飽くなき省力化と、合理性追求という企業エゴの結果である。

① ホルムアルデヒド・クロルピリホス・トルエンなどの多くの有害物質が室内空気を汚染してシックハウス症候群を生み出してきた。さら七〇万人と言われる化学物質過敏症の患者。アレルギー症状や発がん性も問題化しているが、対

策、改善はなおざりである。

② 結露によるカビ、ダニ被害などで、アトピーや頭痛、喘息など健康を阻害。
生活習慣病も住宅の問題点に起因する。がこの対策もなおざりである。

四）鉄筋コンクリート（ＲＣ）ストレス

ＲＣ住宅の住人は木造住宅の住人より一年早死にしていたことや、出生率も低かった。（大阪府下で島根大学調査他）これは、ＲＣは体の芯から体熱を奪う「冷輻射」により多くの疾病恐怖である。また、結露によるカビ、ダニの被害でアトピーや喘息など健康を阻害。さらに鉄筋が有害な電磁波を増幅することで、自律神経失調症やホルモンのバランスを崩す。そのため乳癌や子宮癌、白血病等の小児癌など、余りにも大きな有害性を知らされていない。（第二章に詳述）

五）住宅産業界の後進性

基本性能の欠如により、以下のような数字が年々拡大。死因は、大半が家庭で発生している。以下は「家」の欠陥や貧困振りを示すデーターである。

住宅産業界のお寒い事例

不慮の溺死：高齢になると脳や心臓の老化から、急な温度の変化などにより脳溢血、心筋梗塞などの発作が起きて浴槽での溺死にいたることが多い。暖房しているリビングと無い浴室の温度差は通常一〇度以上あり、気温一〇度以下の浴室で裸になると、自律神経の働きで血管が急激に収縮し、血圧は一気に三〇～四〇も上昇する。

場合によっては老化して危うくなった毛細血管が切れ、脳卒中や心筋梗塞の事態になる可能性がある。この温度差によるヒートショックの対策は、断熱性能の高い家づくりが基本であるが、とりあえず脱衣場と風呂場を暖房する応急装置が対策として求められる。

浴槽で熱中症の危険

一方、高齢者は浴槽に二〇分以上入っていると体温が四〇度に達し、熱中症の症状が出て、意識障害を生じるリスクが高まる。高齢者は浴槽で神経系の老化で熱さを感じにくく、長時間浴槽に浸かる傾向にあり、熱中症の初期症状が出ないまま意識障害に陥ることも多いという。

予防には湯温四一度以下、浴槽に入っている時間は五分以内を目安とするほか、こまめに体温を測ることも有効だという。

製品の性能表示

製造業界で商品の性能表示の無いのは住宅だけでお寒い話である。さらに、あらゆる構造体には「構造・意匠・基本性能」の三原則の表示がある。例えば小さなネジにもきちんと性能表示がある。

比較事例：自動車には基本性能が表示されているが、この国の住宅産業界の住宅には存在しない。

原　則	自　動　車	住　宅
構　造	車種・形式（シャーシー・ボディ）	木造・鉄骨造・鉄筋コンクリート造
意　匠	デザイン（設計）	デザイン（設計）
基本性能	安全性＆＜乗り心地＞ 排気量・最高速度・燃費・ モード走行・回転半径・制御装置 明確な数値が公開表示されていて、それにもとづいて選択し好みの車を購入する。	安全性＆＜住み心地＞ 耐用年数・強度・断熱・調湿（吸湿・放湿）・ 耐火・耐震・耐水・耐風・防錆・防音・防虫… 明確な表示は無く、あいまいなセールストークを信用してしまう。

行政の問題点
国土交通省に苦言　「日本の住宅はなぜ貧しいのか」

衣食足りて、住貧を知る

「衣食足りて礼節を知る」、昔からの教えである。実は、ここに現在の住宅の貧困の原因が有ったのだと私は考えて「衣食足りて、住貧を知る」と言ってきた。

安全に、快適に、平和に過ごしたいという、平凡でささやかな願いをかなえられる家が、なぜこの近代的な日本で造られなかったのか。それは、私たちの人生にあって、大切な「住」が忘れられていたのだ。「衣食住足りて、礼節を知る」が本来あるべき理念である。

日本に家づくりの哲学がなかった

信じられないことに、先進国家日本に長い間「住宅基本法」が存在しなかった。「住まいの哲学」をうたった法律が無かったのである。「建築基準法があるじゃな

「いい家塾」では、「日本の家づくりに哲学をもたせたい」との思いから、基本理念「人は家を造り、住まいは人を創る」と制定した。また、いい家とは何かを各種の定義や、運動方針などを制定している。

いの？」と思われるかもしれないが、あれは、建築物の敷地・設備・構造・用途などについての「最低限の基準」を定めたものでしかない。

例えば、クレーム三悪と言われる「断熱・結露・防音」については基準すらない。故に、建築基準法どおりに建てたからといって、住まいの五重苦がなくなるとは限らない。より必要なものは、守るべき最低限の基準ではなく、家づくりの「哲学」を記した法律なのだ。

そこで、平成一七年八月に次期総理大臣と期待されていた当時の安倍晋三官房長官に、人間主権の「住宅基本法」の早期制定を願って「提言書」を提出した。果たせるかな、第一次安倍内閣に於いて、わずか一年間の短命内閣だったが、二つの法律を制定された。なんと、その一つが嬉しい事に「住生活基本法」であった。

安全で快適に暮らせる家づくりの基本が、国の法律によって定められた。しかし内容を見ると、制定当時の政策により基本法とは名ばかりで、「行なわなければならない」との語句が多く、単なる努力義務を謳う「住宅供給法」となってしまっているのが実情であり残念だ。

住宅、家とは何か。家の本質を踏まえ、その家づくりの理念・哲学が住宅基本法の基本であるべきだ。

日本には素晴らしい四季がある。しかし、夏の猛暑や冬の厳寒がある。この日本

「二〇〇年住宅で個人経済を豊かにし、よき家族制度を復活する運動」や「学校を木造校舎にする運動」なども続けてきた。

住宅統計調査によると、日本の家の平均耐用年数はたったの二六年です。これでは、多くの方にとって最長三五年の住宅ローンを払い終わる前に寿命がきて、建て替えなければならない理屈になる。

おかしなことですね。住宅ローンを完済したあとも、長期にわたって気持ちよく住み続けられる家でなければ、何十年ものローンを組む値打ちがない。

つくっては壊していく使い捨ての家ではなく、子どもや孫にまで残してあげられる長寿命の家、いつまでも心地よさを提供し続ける快適な家にこそ、大金を払う価値がある。

列島に相応しい住宅とは如何なるものなのか。夏涼しく冬暖かい家とはどんな家であり、どのように造れば叶うのか。

家族が健康で永年住みつなぎ、家族の笑顔が絶えない住宅とはこんな家だと、提示して欲しい。

現在の住宅の基準性能は、余りにも問題が多くお粗末である。これで良いというのですか？　二六年の短命住宅。シックハウスや欠陥住宅等、資産価値のない家がなぜ後を絶たないのか。

長寿命の、木材と自然素材で造った安心安全な健康住宅が、当たり前になぜならないのか。世界第三位の森林国でありながら、問題の多い鉄骨造や鉄筋コンクリート造の工業化住宅のプレハブを、なぜ政策優遇してきたのか。

「日本の家」の、あるべき指針を明確に示し、基本理念を哲学にまで昇華する「住宅基本法」を国民は期待している。何より「住宅基本法」が本意なのに「住生活」では概念が違う。連立政権の公明党の政策が反映したのではないかと想像する。

ここは「住宅基本法」として、豊かなこの国の歴史と自然、家族の健康と笑顔があふれる日本の家のあるべき姿の制定を切望する。

欠陥住宅がなくならない原因は何か

平成二三年二月二〇日、馬淵澄夫国土交通副大臣に「建築基本法」制定に向けて「提言書」を手渡しした。（その後、同年九月国土交通大臣に就任）

馬淵氏に大いに期待したのは建設関係の専門家であり、この国の建設行政のあり方に精通。あの耐震強度偽装事件を国会で追及したことでも実証されている。

平成二一年の暮れ、馬淵副大臣から現在の基準法を抜本的に見直し、新たに「建築基本法」を制定するとの計画をお聞きした。

私たちメンバーは「いい家造り」に携わる者として、現行の基準法は建築現場で余りにも多くの矛盾点があることに悩んできた。時代錯誤や制度疲労など多くの問題が存在するからだ。何より、なぜシックハウスや短命住宅など欠陥住宅が後を絶たないのか？という大いなる疑問が有る。さらに、断熱、結露、音のクレーム三悪の記述すらないのだ。

実は、これらの商品の多くは合法なのである。お気づきですね！！　建築基準法という最低限の基準（レベル）をクリアーしているのだ。訴訟に発展する多くの欠陥住宅も、消費者である原告が泣きを見るのが現状なのだ。（第二章　シックハウス訴訟判決　参照）

このように、多くの基準値が最低限の設定である事が問題であり、もっと上位の基準値（レベル）を設定すべきなのだ。これが多くの欠陥建築物を排出してきた元凶であると確信している。

馬淵さんの言によれば、今まで検討されてきた「建築基本法」は基準法の足りない部分を埋めるだけの安直な内容だった。

今回は、そうではなくて「建築物、街づくり、都市計画までを含めた上位法」とする「建築基本法」を目論んでいるとお聞きし、大いに勇気づけられた。これを受けて、日頃住宅建築の現場で感じてきた諸問題を列挙し、その改善策や新しい提案を「提言書」としてまとめて手渡した。近い将来、この国の国土計画百年の体系を構築して頂けるものと大いに期待した。しかし、一〇年が経過したが残念ながら手つかずであり、改善の兆しは聞こえてこない。

川柳　「果報待ち　ずっと寝てたが　来なかった」　遊楽

事例：一　シックハウス対策法

平成二二年二月二〇日、馬淵大臣（右端）に提言書を渡す筆者と「いい家塾」理事達

国土交通省に建築基準法を廃棄し、建築基本法制定に向けて「提言書」を国土交通大臣に提出した。

一例を挙げれば、シックハウス対策として、建築基準法第二八条が改正された。平成一五年七月一日より建築される居室には機械換気設備として換気扇の二四時間換気が義務化された。しかし、これは現代の建物が「シックハウス」であると国が認めた事になると私は指摘してきた。

問題解決の本質は揮発性有機化合物（ＶＯＣ）を発生させないことである。木構造にし、自然素材で施工すれば解決する問題が多いにも関わらず、なぜ対処療法だけで根本問題の解決をしないのか。

これは大手ハウスメーカーやマンションデベロッパー、石油化学業界の利益擁護以外のなにものでもない。既得権益を排除し、これからあるべき居住環境の姿を描き、その方向へシフトしてゆく政策が必要である。消費者の自己責任に任せ、消費者自身が「善悪」「良品と悪品」を峻別する以外対策は無いのであろうか。

事例：二　品格法（住宅の品質確保の促進に関する法律）のまやかし

品格法に基づく住宅性能表示制度が、平成一二年四月からスタートし、わが国の住宅は性能を表示する時代になった。しかし、本質を知ればがっかりする。これは、アメリカの建材や二×四住宅を拡販する為に、日米構造協議の産物として誕生したらしいが、消費者保護に繋がると私は当初歓迎した。

一定の性能を等級で表示して国土交通大臣が、指定する住宅性能評価機関に申請して評定を受ければ公表し、性能を競わせ質的に向上させるものとされている。

しかし、丈夫で長持ちする家造りのための性能表示は必要だが、基本性能といえるレベルのものはどのメーカーにも見当たらず表示も曖昧である。

さらに、この制度が住まいの最重要性能である健康を重視した「住み心地」について殆ど関心を払っておらず、品格法とは名ばかりである。（前述の住宅産業界の性能表示の項参照）

事例：三　手造りの家と「住宅性能表示制度」の問題点

私は土地と建物は不離一体と言ってきた。「いい家」の条件は、世界に唯一のその土地の特性に合致させる。さらに、その家族の住まい方の条件に合致するＯＮＬＹ・ＯＮＥでなければならない。

それには、予算を重視しながら手造りで温もりのある素材と、技によってしか実現できない。

丈夫で長持する為の基本性能と、快適で健康的に暮らせる「住み心地」というものを、この性能表示制度はまったく考えていない。大量生産、大量販売される画一的、均一的な工業製品であるプレハブ住宅では、手造りの良さや、味わいやこだわりといった、数値化が困難である事を十分承知した上で制度化したのだ。

地域の優良な工務店が握っている木造在来軸組工法のシェアーを奪う以外に、生き残る道がなくなるとされる大手ハウスメーカーにとって、これ程ありがたい制度はない。

さらに、この制度を評価する機関は、営利を目的に設立された民間の会社である。民間への移行は問題ないのだが、次が大問題なのだ。評価認定する「㈱東日本住宅評価センター」「日本E・R・I㈱」という、この会社の株主は、大手ハウスメーカーで構成されている。

日本E・R・I㈱は大和ハウス、ミサワホーム、セキスイハイム等が作った会社である。

㈱東日本住宅評価センターは積水ハウス、旭化成へーベルハウス等が作った会社である。

故に自分で性能評価したものを、自分が出資した会社で評価させて「いい家」であるとの公認証をもらって自慢する。極めつけは、約三〇万円の費用を出せば「住宅型式性能認定」を受ける事が出来る点である。家を車と同じと考えて一棟だけ型式認定を受けさえすれば、後はみんな「いい家」として販売してもよいという。これにより商品のカタログ化が可能になり、営業マンは工業化住宅＝プレハブ住宅のカタログを持ってセールスにしのぎをけづっているのである。

この「住宅型式性能認定」の存在こそ、同一商品を大量生産、大量販売を目的としたハウスメーカーのプレハブ住宅である。そのトップ企業が大和ハウス工業であり年間四兆円を超える売り上げがある。

大手ハウスメーカーが、型式認定を受けて性能評価書マークのついた住宅を、これこそが「いい家」ですと勧め合うのだから、消費者は、よほどしっかりした選択眼が無いと、振り回されてしまう。

これにより、プレハブ住宅や、粗悪な建売やローコストハウス、など欠陥住宅提供が後を絶たない。

そして、遂に大和ハウス事件が露呈したのだ。

はたせるかな、あの耐震強度偽装事件の主役として日本E・R・I㈱が問題を起こした。

平成一八年四月二六日、前年から世を騒がせていた耐震強度偽装事件で、偽装の設計図を書いた姉歯秀治元建築士他、木村建設社長、イーホームズ社長、マンション販売ヒューザー社長らが逮捕された。

そして今般、大和ハウス工業が「型式適合認定制度」を利用して、基礎工事をはじめ四千棟を超える不適合発覚。多くの工程で手抜き工事をしていたことが発覚したのだ。

果たして司法はどのように問題視するのか、また被害者の動向も社会が注目している。

ここで一番の問題点は、型式性能認定を受けても、肝心の住宅としての基本性能は全然表示されていないことだ。大量生産・大量販売する者にとっては、この制度は絶対に必要なものなのだ。

消費者保護という大義名分の下「品格法」は創られたとされているが、大手ハウスメーカーを保護する為のもの、という批判が根強くあるのも頷ける。

大手ハウスメーカーが、型式認定を受けて性能評価書マークのついた住宅を、これこそが「いい家」ですと売り込むのだから、消費者は、よほどしっかりした選択眼が無いと、振り回されてしまう。

はたせるかな！　大和ハウスは、既に平成一二年から消費者を欺き振り回してきたのだ。

事例：四　省エネ基準適合

またしても、大手ハウスメーカーを保護するための悪法が誕生した。

令和二年までに新築する住宅は「省エネ基準適合」が義務となった。高気密高断熱住宅の推進が義務化したのだ。これではシックハウスになる要因が揃ったことになる。

まず石油化学製品を大量使用している現代住宅を、高気密高断熱住宅に推進する義務化で、シックハウス化が必須になる。対策として二四時間機械喚起を義務付けたが、これも多くの問題点が露出している。

古来、木造在来軸組工法で自然素材の建材で建ててきたこの国の住宅は、何の問題も無かった。「シックハウス」という病気になる家は存在しなかったではないか。行政は、今後も工業化住宅のみを優遇・推奨する事を継続するものであり、そこには世界で類を見ない大手ハウスメーカーの工業化住宅を正当化・標準化を強化する狙いがうかがえる。

現在の工業化偏重の住宅政策は、世界に誇れる日本の伝統ある木構造建築技術を否定し、技術の衰退を助長している。地域で優良な住宅を支えてきた零細な工務店の存続を圧迫し、素晴らしい日本の木構造技術が消滅していく危機である。

まさに「悪貨は良貨を駆逐」しているのである。

事例：五　戦後住宅の平均寿命が二六年という短命住宅

これは、銀行とハウスメーカーの戦略と考えたくなる。ローンの期間が当初二〇年であった。これに合わせてハウスメーカーは二五年※寿命の家をつくり売ってきた。理由は建替え需要の取り込みである。

しかし、ローンの最長が三五年になった今、ローンが終わる前に建替えなければいけない短命住宅の悲劇が続出している。また、分譲マンションにおいても平均建替え時期が三五～四〇年であり、終の棲家としての可能性が低く大きな問題を抱えている。

※日本住宅統計調査によると日本の家の平均耐用年数はたったの二六年である。

事例：六　「アスベスト」問題

平成一七年、ようやく社会問題化したアスベスト※被害。最悪のケースの「悪性中

※アスベストは工場などの大型建築物に断熱材として広く使用した。

皮腫」は、ほとんどの原因がアスベストとされている。国内での死者は平成一九年までで、計約四万一千人と推定されている。

今後、急速に増えて三〇年後には死者の数は一〇万人を超えると予想されている。中皮腫が発症してからの生存率はわずか一〇%。暴露から発症までの潜伏期間が二〇年から四〇年が経過してからという長期間である。中皮腫のほかにも肺がん、石綿肺、良性石綿胸水、びまん性膜肥厚など聞きなれない病気も多い。

★米では原告九〇万人

米国では一九六〇年代からアスベスト関連訴訟が始まり、米経済全体に深刻な影響を与えた。賠償金は七〇〇億ドルに達し被告となった企業は一九七三年以降七三社が倒産している。イタリアとフィンランドでも石綿使用が全面禁止され、世界的潮流になりつつあった。日本では果たしてどうなのだろう。

★三〇年前に危機意識

旧労働省それ以前の一九七六年五月、労働省は各府県労働基準局長にアスベストの有害性を指摘、予防策をとるよう通達していた。しかし、縦割り行政の弊害で厚生省など他省庁と連絡せず国を挙げての対策にならなかった。

旧クボタ神崎工場周辺で二〇〇九年六月までに住民一七九人が中皮腫などで死亡し、工場で働いていた人も含めると死者は三一三名にのぼった。二〇〇七年クボタとアスベスト被害者が和解したが救済は進んでいないようだ。危険な血液製剤を許し続けてきたエイズ被害も同じだ。ようやく二〇〇八年薬害被害で国の責任を始めて全面的に認めた。

◆建物解体で飛散懸念二〇二〇年〜三〇年にピークを迎える。

（注）解体現場には近づかないこと。

アスベスト以外でこれまで、同じような事件は、チッソ水俣、森永ヒ素ミルクなど、どの会社も倒産していない。そのほうが不思議なのかもしれない。

事例：七　建築基準法の矛盾点

昭和二五年建築基準法は、官公庁施設は地域の如何を問わず一千㎡以上は耐火構造とすべしと制定した。これは、木造を排除することが目的であった。ゼネコンや鉄鋼業界擁護の為に故田中角栄氏が、議員立法として施行した。この悪法が最近漸く撤廃されたが後遺症は甚大である。学校、保育所、病院、老人施設、官公庁施設など健康と命を守るため木造にすべきである。

事例：八　建築基準法第二八条の改正

平成一五年七月一日より建築される住宅に換気扇の設置を義務化することが施行された。前述も記したがこれは、現代住宅はシックハウスであると国が容認したことになる。有害な石油化学物質建材の使用を禁止して、木造住宅で自然素材を使用し、断熱を正しくすれば難なく解決するのに、なぜ対処療法だけで根本問題の解決をしないのか。住宅産業界や石油化学業界擁護が歴然である。

本塾、創立五周年記念シンポジウムで、馬淵澄夫衆議院議員（その後国土交通大臣）と私の対談で、私のこの指摘に馬淵氏は行政の不作為であると認めた。

◆後追い行政が常なので、問題が起こってから初めて行動する。しかも対処療法しか行わない。

◆行政は消費者保護より生産者すなわち業界養護を優先してきた。

釜中持論：平成元年を境に世の中一八〇度変わった。それは、生産者優先から消費者優先に、さらに生活者主権に変わったのである。行政も産業界もこの本質を理

解していない者が大きな問題を起こしてきた。※

大学の問題点

問題の根源は大学にもあった。

工学部建築学科では化学物質の有害性を教えてこなかったので「シックハウス」が蔓延したのだ。

また、鉄筋コンクリートが、体の芯から体熱を奪う「冷輻射」を教えていないので「コンクリートストレス」の被害が深刻である。

さらに、木造住宅を造らせない教育が今も行われていて、信じられないことに一級建築士で木造住宅の設計が出来るのは五〇人に一人と言われる。卒業後、専門学校で木造を学ぶ学生が実証している。

森林率世界第三位の森林王国でありながら、なぜ再生可能資源の木を使わないのか。コンクリートの打ち放しのビルや、高層マンションが蔓延し健康と命を削っている。コンクリートと鉄の崇拝主義が大学に存在する事を改めて実感する。

※第四章「平成元年を境に世の中180度変わった」参照

消費者の問題点　「賢明な消費者に」

「家を知らない」状態で高額な家を余りにも安直に購買している。そこで、無防備な消費者に本塾の講座で最適な知識と最新の情報を提供して「善品と悪品」を峻別できる賢明な消費者の輩出を実践してきた。

悪品を買わないという消費者の自己防衛から、健全な住宅市場が誕生することを願う。

消費者の注意事項・解決策・改善策

一）高額重要商品である住宅をあまりにも安直に購買している。その結果「こんな筈ではなかった」という不満や後悔する人が多い。「良品と悪品」を峻別する「賢明な消費者」になることが必要である。

事例：表面の見た目や、坪単価にこだわり欠陥住宅を買う「安物買いの銭ほかし」のケースが多い。

ＥＸ）　タマホーム等のローコストハウス　建売住宅　プレハブ住宅　etc.

前著書、後悔しない家造りの教科書Ⅱ『いい家塾の家づくり』〜住み心地のいい家とは「夏涼しく冬暖かい自然素材の健康住宅」家づくりの実行前に知っておきたい多くの問題点を網羅。さらにその解決策を提示。「問題提起から解決策とその成果物まで」という類書にない構成に纏めた。「後悔させない、いい家づくりの種と仕掛け」&「肝」を満載。お役立て頂ければ幸いだ。

ＪＤＣ出版刊。

公益社団法人「日本図書館協会選定図書：工学・技術部門」に推奨された。

二）消費者の「知らなかった」という、無防備に警鐘。よく勉強して自衛しなければ、誰も護ってくれない。家族子孫の生活、健康や未来を損ねる「獣宅」を「買わない、建てない」という自覚を持つことが重要。

三）直接業者と対峙する時は、比較判断できる情報、知識をベースにした「いい家とはこんな家です」「こんな家が欲しい」と明確に主張出来る事と、多くの選択肢を持っていれば安心。

四）車を買う感覚で、展示場のモデルハウスと豪華なカタログやセールストークだけで決断しないことが賢明だ。モデルハウスやカタログに、オプショントリックと言われる落とし穴があり、追加費が多くかかる。また、大手ハウスメーカーの社員や役員は自社の住宅は買わないのはなぜか。

五）平均耐用年数は大手ハウスメーカーのプレハブ住宅は平均寿命が二六年と言われている「短命住宅」。建売住宅はそれ以下。『平成八年建設白書から』（五年間の解体家屋の耐用年数から算出）

この間に何回も補修が必要。ローンが終わる前に建て替えなければいけない悲劇が多くある。また、転売する時査定は〇で資産価値はない。逆に解体費が必要。

◎本物の健康住宅、更に資産価値のある長寿命住宅を獲得して、個人経済を豊かにする賢明な消費者に。

◎当塾の運動「一〇〇年住宅で、個人経済を豊かにし、よき家族制度の復活をめざす」

「私の視点」見直すべきは大量生産・大量消費社会

スーパーに並ぶ野菜はみな、姿・形が見事にそろっていて不思議な話だ。考えてみれば個体差があって当然なのに工業製品の様だ。例えばホウレン草は、かつては根元が赤く、味も香りも濃くちょっとしたエグ味もあった。それが今は、食べ易いけれど無個性でポパイもパワーが出ないだろう。

このように現在流通している野菜の多くは異なる性質の種を人工的に掛け合わせたF1種（一代雑種）だ。これに対し何世代も自家採取を繰り返しその土地に適応するよう遺伝的に安定した品種を固定種という。固定種は生育にばらつきがあり間引きしながら収穫するのに対しF1はほぼ均一に収穫できる。

F1の多くは子孫が作れない「雄性不稔」（ユウセイフネン）である。

私達は子供を作れない野菜を食べている。一方で、人間の精子も劣化、濃度も激減し、デンマーク国立病院の調査によれば、成人男性の二〇％が不妊、四〇％が不妊予備軍だという。そこに相関関係がないと言い切れるだろうか。

そこで「家庭で固定種を栽培し種を取って、野菜本来の生命力と本来の味を取り戻すには固定種を復活させるしかない」。

目先の効率に目を奪われ、いつしか重大な落とし物をしてきたのではないか。見直すべきは「大量生産・大量消費」でしか成り立たない社会のあり方そのものではあるまいか。以上が「やおよろずの森」代表　葛城奈海氏の食に関する大いなる懸念である。

筆者は、住に関して同種の意見を長年訴えてきた。例えば、ローンが終わる前に建て替えなければならない短命住宅や、欠陥住宅など資産価値のない家も多い。住まいの五重苦は、シックハウス・コンクリートストレス・断熱・結露・音の問題で、これらは健康を害し疾病を生み、社会問題に発展し訴訟問題も多く発生している。

大手ハウスメーカーの工業化住宅（プレハブ）は、新築し一五年後にリフォームし、三〇年未満で建替えるというシナリオで運営していると、最大手社長が戦略として語っている。

住宅はオンリーワンが基本であり常識だが画一的で「大量生産・大量販売・早期大量廃棄」の戦略は世界に例がなく傲慢横暴である。

工業化偏重の住宅政策は、世界に誇る日本の木構造建築を否定し衰退を助長してきた。零細な工務店の存続を圧迫し、伝統ある木構造技術が消滅していく危機だ。まさに「悪貨が良貨を駆逐」した。

その結果、地域の工務店や優秀な技術職人が活動の場を失い、地方の過疎化の主因は地場産業の衰退という悲しい現実がある。

家を買って、こんな筈ではなかったと後悔する人が後を絶たない。「家を知らない」状態で高額な家を安直に買ってきたのが原因である。

無防備な消費者に情報と知識を提供することで「良品と悪品」が峻別できる賢明な消費者の輩出を目的に講座を開設した。健全な住宅市場が誕生する事を願い全力投球している。

（大阪日日新聞平成二九年八月四日掲載）

第四章　平成元年を境に
世の中180度変わった

昭和から平成、真逆を生きる

激動の昭和が終わり、まるで真逆の平成が始まった。（年表参照）

昭和の終わり間近の昭和六〇年、まさにバブル絶頂期で狂乱物価が吹き荒れた。

昭和最後の六四年一一月、ソニーが米映画会社コロンビアを三四億ドルで買収。

この師走、昭和の大決算を迎えた。東京証券取引所の大納会で日経平均株価の終値が三万八千九一五円の史上最高値をつけ、バブルはピークを迎えた。

時価総額はなんと世界一位となり、五九〇兆円であった。日本は世界一の金持ちになったのだ。ランキングの上位五〇社中、三四社（別表）がランクインした超大国になった。

そんな動乱の昭和が終わり、平成元年を迎えた。

昭和天皇の崩御に始まった平成元年四月、消費税の税率三％が導入された。誰もが好景気に踊り、経済大国に上り詰めた快感に酔いしれた。

当時は「消費は美徳」であるといい、使い捨てが当たり前であった。日本人の精神感覚が狂ってしまったのだ。住宅に対する感覚も不具合があれば修理ではなく、買い替えが当たり前になった。家も耐久消費財という感覚である。

この頃から、家は造るものから、買うものという意識が生まれたと思う。プレハ

真逆対比表（代表例）

昭　和　特記事項	平　成　特記事項
物不足	物余り
価格決定権者＝生産者 生産者優先時代 生産者保護＝生産者優遇措置法案・助成金・優遇税制	価格決定権者＝消費者 消費者優先時代 消費者保護＝ＰＬ法制定※生活者主権の時代になった
人口＝増加	人口＝減少
人生７０年	人生１００年
円安（輸出に有利）	円高（輸入に有利）
インフレ経済＝右肩上がり 戦後復興経済→所得倍増政策現象＝狂乱物価を生む	デフレ経済＝右肩下がり 円高・債券安・株安のトリプル安現象＝価格破壊
経済＝拡大経済　高度成長	経済＝縮小経済　安定成長
昭和 60 年プラザ合意。円売りで急増したが円が株高・土地高がバブルに。土地神話誕生	平成２年不動産融資の「総量規制」バブル崩壊・土地神話が崩壊。株価の暴落
東西冷戦時代 ソ連の崩壊	東西冷戦終結　米国一極時代 中国の台頭　地域紛争の頻発

※ＰＬ法＝製造物責任法

ブ住宅やマンション、建売住宅が台頭してきたのは昭和五〇年頃からであった。

平成二〇年頃、不況風が吹く中で「もったいない」が生まれたが「逆も真なり」である。

平成元年一〇月、三菱地所がニューヨーク、ロックフェラーセンタービルを約二千二百億円で買収した。アメリカのランドマークだけに大ニュースであった。

順位	企業名	時価総額億ドル	国名
1	ＮＴＴ	１，６３８．６	日本
2	日本興業銀行	７１５．９	日本
3	住友銀行	６９５．９	日本
4	富士銀行	６７０．８	日本
5	第一勧業銀行	６６０．９	日本
6	ＩＢＭ	６４６．５	米国
7	三菱銀行	５９２．７	日本
8	エクソン	５４９．２	米国
9	東京電力	５４４．６	日本
10	ロイヤル・ダッチ・シェル	５４３．６	英国
11	トヨタ自動車	５４１．７	日本
12	ＧＥ	４９３．６	米国
13	三和銀行	４９２．９	日本
14	野村証券	４４４．４	日本
15	新日本製鐵	４１４．８	日本
16	ＡＴ＆Ｔ	３８１．２	日本
17	日立製作所	３５８．２	日本
18	松下電器	３５７．０	日本
19	フリップ・モリス	３２１．４	米国
20	東芝	３０９．１	日本
21	関西電力	３０８．９	日本
22	日本長期信用銀行	３０８．５	日本
23	東海銀行	３０５．４	日本
24	三井銀行	２９６．９	日本
25	メルク	２７５．２	米国

順位	企業名	時価総額億ドル	国名
26	日産自動車	２６９．８	日本
27	三菱重工業	２６６．５	日本
28	デュポン	２６０．８	米国
29	ＧＭ	２５２．５	日本
30	三菱信託銀行	２４６．７	日本
31	ＢＴ	２４２．９	英国
32	ベル・サウス	２４１．７	米国
33	ＢＰ	２４１．５	英国
34	フォード・モーター	２３９．３	米国
35	アモコ	２２９．３	米国
36	東京銀行	２２４．６	日本
37	中部電力	２１９．７	日本
38	住友信託銀行	２１８．７	日本
39	コカ・コーラ	２１５．０	米国
40	ウォール・マート	２１４．９	米国
41	三菱地所	２１４．５	日本
42	川崎製鉄	２１３．０	日本
43	モービル	２１１．５	米国
44	東京ガス	２１１．３	日本
45	東京海上火災保険	２０９．１	日本
46	ＮＫＫ	２０１．５	日本
47	アルコ	１９６．３	米国
48	日本電気	１９６．１	日本
49	大和証券	１９１．１	日本
50	旭硝子	１９０．５	日本

目を世界に転じてみると、まるで昭和の終焉と歩調を合わせるかのように、社会主義國が大瓦解してゆく元年となった。

それを象徴するのが、一一月のベルリンの壁崩壊である。また六月四日、中国の天安門広場に民主化を要求して集まった市民を人民解放軍が虐殺弾、犠牲者は一万人を超えると言われている。

また、米ソ首脳による冷戦終結の宣言の年でもあった。

これらは、本来なら共産圏の敗北で、自由社会＝資本主義の世界史的な勝利だった。その中で最大の勝者になったのが日本であったのだ。前述の企業ランキングの如く、たった三〇年前の我国の国力の凄まじさに、隔世の感を覚える。

平成二五年には、五〇社中三五位にトヨタ自動車一社のみという凋落ぶりである。まさに天国から地獄を見た、光と陰であった。

平成二年三月、大蔵省が不動産融資の「総量規制」を通達、バブル崩壊への道を転げ落ちてゆく。

この年から株価は暴落を始める。湾岸危機、原油高、公定歩合の引き上げが相次ぎ、一一月平均株価は二万円を割り激減する。世界一だった時価総額五九〇兆円が、なんと三一九兆円に半減した。この後、日本経済は急激なバブル崩壊過程に入ってしまうのだ。

では、このバブルとは一体何だったのか？　経済学者の宮崎義一が著書『複合不況』で、昭和六〇年のプラザ合意後、急激に進行した円高に対して、公定歩合の引き下げや円売りで急増した円が土地・株式に流入し、実需を上回る株高、土地高が生じたのがバブルだったという。地価の高騰は庶民のマイホームの夢を砕く不満の種になっていた。

やがて限界を超えると急速にしぼみ、投機に走った個人や企業は膨大な損失に直面した。最も深刻なダメージを受けたのは金融システムだった。まさに「山高ければ谷深し」であった。

バブル期に横行した乱脈融資による膨大な不良債権が発生。「失われた二〇年」と呼ばれる景気の長期低迷に突入した。銀行がお金を貸さない「貸し渋り」や、融資を回収する「貸しはがし」で中小企業が倒産するケースが相次いだ。

平成四年、この年ソ連が崩壊した。

三月、日経平均株価が二万円割れする。大蔵省が不良債権問題の緊急対策「金融行政の当面の運営方針」を発表。そして、日本は急激な凋落が顕著になってきた。モノ余り現象から価格破壊が流行語になった。価格破壊はそのまま日本経済の破壊、所得破壊に連鎖していくのだった。

日本経済はデフレ循環という、最悪の経済的病にはまり込んでしまったのである。有効求人倍率も一・〇を下回り就職氷河期に入った。八月一二日に株価が遂に一万五千円を割るなど経済危機と呼べる状況に入った。

平成五年一一月、冷害によるコメの大凶作で外国産米を緊急輸入。

日本経済は悪化の一途を辿りはじめていた。

平成六年一月、スーパーの売上高が前年の二・四%減少し、百貨店は既に平成四年から減収に転じていた。政府発表によれば五月で不況が三年を超え、戦後最長となった。

六月一ドルが戦後初の百円割れとなり、本格的な円高時代の到来であった。前年から始まった就職氷河期は長期化の様相になる。

技術競争の時代から価格競争の時代に突入した。この年「価格破壊」という言葉が流行したが、そのまま日本経済破壊、日本人の所得破壊に他ならない。経済はデフレ循環という最悪の経済的病にはまり込んでしまった。

平成七年一月、阪神淡路大震災が発生。兵庫銀行、木津信用組合が破綻。護送船団方式の終焉。四月には一ドル七九・七五円と空前の円高となった。

平成九年四月、消費税率五％に引き上げ。金融大破綻の一年だった。四月に日産生命保険が倒産。一一月に三洋証券が、また同月北海道拓殖銀行が都市銀行として初めて倒産した。

四大証券の一角、山一證券が自主廃業した。社長が「社員は悪いのではございません」と涙ながらに謝罪したのを思い出す。

平成九年度の企業倒産は七千四三九件、負債総額は前年度を六五％上回る一五兆一千二〇三億円と戦後最悪となった。オウム真理教テロ事件、金融破綻の無責任連鎖、また路上生活者=ホームレスが急増した。なんともやりきれない、暗いニュースが連続した。

平成一〇年一月、前年勃発した金融危機は予想をはるかに上回る不良債権によるものであると、大蔵省は銀行の不良債権総額が七六兆円に及ぶと公表した。これは国家予算一年分に近い額である。三月、金融安定化法に基づき大手銀行二一行に公的資金計約一兆八千億円を一斉注入。

平成一一年、昭和が遠くなり平成固有の色が見えてきた年。自殺者とホームレス、悪質ないじめが急増し学級が崩壊した。

平成一二年は、失われた一〇年と言われた。連鎖倒産が相次ぐ中、企業不祥事が相次いだ。二月には、薬害エイズ裁判で旧ミドリ十字の歴代三人の社長に実刑判決。六月には雪印乳業大阪工場で製造された乳製品で集団食中毒が発生し、被害者は、一万三千四二〇人に達した。七月には、三菱自動車が永年会社ぐるみでリコール隠しが発覚。

平成一三年一月、ダイエーを一代で日本最大のスーパーにした中内功氏、業績悪化の中会長を辞任した。九月、総合スーパーのマイカルは負債総額一兆六千億円で倒産した。日本企業の倒産負債額は最大であった。

平成一四年一月、雪印食品による外国産牛の国産牛偽装事件が発覚。その後、雪印グループ解体。三月、株式会社ダイエーが産業再生法の適用を申請。

平成一五年四月、郵政民営化に向けて日本郵政公社が発足。五月、政府が、自己資本不足に陥ったりそな銀行グループに、一兆九千六〇〇億円の公的資金再投入を決定。事実上の国有化。

八月、ヨーロッパが熱波に見舞われ、三千人以上が死亡した。ヨーロッパは元々寒冷で冷房が無い。その上、石造りの家は遮熱効果が高く、一度室温が上がると下がらない。高温の室内から逃げる場所もない人々が犠牲になり熱中症であった。

平成一八年一月、東京三菱銀行とＵＦＪ銀行が合併して、世界最大の銀行が誕生した。みずほ銀行、三井住友銀行、東京三菱銀行ＵＦＪ銀行によるメガバンク体制が整い、これで銀行の組織改編が終了した。

平成一九年三月、イオンとダイエーが資本業務提携で合意。連結売上高六兆円で国内最大の流通グループが誕生。

平成二一年三月、日経平均株価の終値が七千五四円九八銭に。終値ベースでバブル後最安値。

平成二二年一月、日本航空が破綻、会社更生法の適用を申請。九月、一五年振りの急激な円高を受け、政府・日銀が約六年半ぶりに円売り・ドル買いの市場介入。

平成二三年一〇月、円相場が史上最高値の一ドル＝七五円三二銭をつける。

平成二六年四月、消費税率八％にひきあげる。

平成の終盤は、アベノミクス効果もあって穏やかな成長軌道を確保できた。政府は二四年一二月以降、戦後最長の景気拡大が続いているとみる。多くの企業が過去最高益を更新し、日経平均株価は二万円台を回復したからだ。

ただ、政府が目標とする年二％の成長にはほど遠く、賃金上昇も穏やかで、景気回復の足取りは重い。

主要国のGDPの推移　日本の地位が大きく低下

平成の三〇年間で日本経済の国際的地位は大きく低下した。国内で生産されたモノやサービスの付加価値の合計額を表す「名目GDP」を世界上位四カ国で比較すると、米国は順調に伸び、中国も急成長している。

一方、日本はかつて世界二位を誇り、米国に近づいたが、その後は横ばい傾向で、平成二二年に中国に抜かれて三位に転落した。四位のドイツと比べても平成初期に二倍程度あった差が近年接近されている。

今後、日本は少子高齢化でさらに労働力が減少するため、政府は「生産性革命」「人づくり革命」等の政策や外国人労働者の受け入れによってGDP拡大を図ろう

としている。（「G20参加メンバーのGDP」参照）

「注目」人口&GDP

参加首脳会議メンバー

令和元年6月28・29日

首　　都	参　加　首　脳	GDP：国民総生産（ドル）
ワシントン	トランプ大統領	19兆3906億
北京	習近平国家主席	12兆2377億47万
東京	安倍晋三首相	5兆547億
ベルリン	アンゲラ・メルケル首相	3兆6774億3912万
ロンドン	テリーザ・メイ首相	2兆6224億3395万
ニューデリー	ナレンドラ・モディ首相	2兆5974億9116万
パリ	エマニエル・マクロン	2兆5825億130万
ブラジリア	ボルソナロ大統領	2兆555億550万
ローマ	ジュセッペ・コンテ首相	1兆9347億9793万
オタワ	トルドー首相	1兆6530億4279万
モスクワ	ウラジミール・プーチン首相	1兆5775億2414万
ソウル	文在寅大統領	1兆5307億5092万
キャンベラ	スコット・モリソン首相	1兆3234億2107万
メキシコ市	ロペスオブラドール首相	1兆1499億1879万
ジャカルタ	ジョコ・ウィドドー大統領	1兆155億3901万
アンカラ	エルドアン大統領	8511億241万
リヤド	アブドルアジズ大統領	6838億2714万
ブエノスアイレス	マクリ大統領	6375億9041万
プレトリア	ラマポーザ大統領	3494億1934万
ブリュッセル	トゥスク常任議長	

G20　サミット大阪

ＮＯ	国　名	人　口
１	アメリカ合衆国	３億２６７６万６千人
２	中華人民共和国	１４億１５０４万５千人
３	日本	１億２７０９万４７４５人
４	ドイツ	８２２９万３千人
５	イギリス	６６５７万３千人
６	インド	１３億６４０４万１千人
７	フランス	６５０１万８千人
８	ブラジル	２億１０８６万７千人
９	イタリア	５９２９万人
１０	カナダ	３６９５万３千人
１１	ロシア	１億４３９６万人
１２	韓国	５１１６万４千人
１３	オーストラリア	２４７７万２千人
１４	メキシコ	１億３０７５万９千人
１５	インドネシア	２億６６７９万４千人
１６	トルコ	８１９１万６千人
１７	サウジアラビア	３３５５万４千人
１８	アルゼンチン	４４６８万８千人
１９	南アフリカ	５７３９万８千人
２０	ＥＵ	

平成元年を境に世の中180度変わった

読者には、この標題を疑うべくもなくご納得頂けたと思う。

では、一八〇度とは何か？　答えは真逆である。昭和と平成の世は、まさに正反対にドラスチックに変わったのである。（真逆対批表一二五頁参照）

流通業界の光と影

企業とは何か「企業とは環境適応業である」。

これは、アメリカの現代経営哲学の父「ピーター・F・ドラッカー」の説である。アメリカの流通小売業界で世界一になったシアーズ百貨店。百年間、小売業界で勝ち残った秘策は、取り巻く様々な環境の変化に悉く見事に適応してきた。政治、戦争、経済、消費者の嗜好等、外界を取巻く変化に柔軟に適応してきた結果の勝利である。

これこそが勝ち残った勝因である。これを著書「シアーズ物語」で実証した。今もこれに変わる説がなく正論であると思っている。

そして、企業の目的は何か？　それは「存続と発展」だという。

重要なこの二つの定義は不離一体だと理解した。

さらに、企業活動の目的は何か？　研修会などで質問すると多数の方は、「利益」と答えるが、ドラッカーは利益ではなく「顧客の創造」であると教えた。まさにに至言である。

スーパーマーケット・ダイエー創業者
中内功氏の功罪

（名前のイサオの漢字は功ではなく正しくは工編に刀）

昭和三二年大阪旭区千林に「主婦の店ダイエー」が誕生した。中内社長の水道哲学「いいものをどんどん安く」を基本理念に顧客第一主義を徹底。スーパーマーケットのパイオニアとして売上高初の一兆円企業にもなった。

私は、昭和五九年から、株式会社ダイエーの販売促進企画&集客実践企画を請け負った。

そこで、子供を対象にしたイベントを提案し各店で開催した。私は子供が好きなので、子供を対象にした。それ等はシナジーを狙い&シャワー効果も目論んでの企画であった。子供と共に多くのご両親や家族が同行同伴して来店してくれた。それは、小学生対象のミニ四駆レースであり、小学校高学年から中学生対象のラジコンカーレースだった。独自の競技用コースやレース会場も開発した。

これを各府県で予選から決勝大会までを行い、ダイエー杯近畿チャンピオンシップを定期開催。各地区各店の入賞者達で、最後に近畿大会を開催し、グランドチャンピオンを選出した。長期にわたる名物イベントとなった。

さらに、組み立て式の大型迷路「秘宝の迷城」を造った。開催店は、吹き抜けの

中内社長との初めての出会いは、平成元年、羽田から伊丹への飛行機に偶然同乗した。

機中挨拶に伺ったところ、私の販促企画を「従来に無い催事であり、効果もあり画期的だ」と褒めて頂いた。

さて、飛行機内で中内社長とイベントの会話が弾み一段落した後、意外な相談を受けた。

店舗開発の話になった。「新店舗開発用地の情報を提供して欲しい」と依頼されたのだ。

私は取りあえず「出店用地診断」「地域顧客分析」から開始することを提案し承諾された。

しかし、その後も「新店舗開発用地」の情報提供を強く希望された。

ある大型店舗が条件であった。開催店の周年事業や記念事業に活用された。

実は昭和五五年頃大阪府貝塚市で「シャーロック迷路」という巨大迷路を企画開発していた。これは大型迷路ブームの先駆けであった。そのノウハウを活用して好評を博した。

大型店舗向け組立式大型迷路「秘宝の迷城」

ダイエー凋落の原因

平成元年、中内社長から店舗開発用地の依頼があった。これは、従来と同じくインフレ政策の継続であり、ダイエーは更なる拡大戦略を進めていたのだ。

同時期最大のライバルであった、イトーヨーカドーの鈴木会長は、拡大戦略から既に縮小に転じていた。新規出店案件は既に中止しており、手仕舞いが既に完了していたことが判明した。この潮目の判断こそ、経営トップの決断である。

「平成元年を境に世の中180度変わった」のだ。

大きな環境変化の潮流に見事に適応したイトーヨーカドーと、一八〇度真逆の環境の変化に適応できなかったダイエーとは、ここで天地の差が生じる結果になるのだった。

この時がまさに、両社の盛衰を分けた分水嶺であった。時流を読み、大きな環境の変化に適応した戦略的判断と、スピードの差が余りにも大きな「光と影」の結果になった。

平成一三年、小泉政権下で日本の景気は失速状態のままだった。経済状況が苦しい中で構造改革のような体力の負担のいる政策に踏み込んだ状況を受け、この年、アメリカの格付け会社はそろって日本国債を格下げした。

この年一月、スーパー・ダイエーを一代で日本最大のスーパーマーケットに築き上げた中内功氏が業績悪化の中、会長を辞任した。そして翌年一四年三月、株式会社ダイエーは、産業再生法の適用を申請したのだ。

蹉跌への敗因は何か。

ダイエーは住宅密集地域に店舗を構え、自社の出店効果による地価の値上がりによって資金調達をしてきた。しかし、地価の下落で資金調達力が一気に低下したのだ。地価が高騰した昭和の土地神話の亡霊が、中内氏の中に未だ存在したのであろう。

平成元年を境に世の中一八〇度変わった《真逆》

令和七年	大阪関西万国博覧会　開催予定
令和六年	一万円札諭吉から「渋沢栄一」に予定
令和二年	東京オリンピック開催予定
令和元年	G二〇大阪サミット開催
平成二五年	国の借金一千兆円
平成二二年	失われた二〇年　超デフレ　GDP中国に抜かれ世界三位に
平成一九年	団塊の世代八〇〇万人が定年を迎える
平成一八年	人口の減少化が始まる
平成一七年	少子高齢化社会へ
	ゼロ金利
	成熟社会　マイナス成長
平成一五年	株価七千円台　公的資金投入　ヨーロッパ熱波三千人死亡
平成一二年	失われた一〇年　GDPまだ世界二位
平成九年	金融危機　銀行の統廃合拓銀が倒産
平成四年	物余り　価格破壊
平成三年	変革元年
平成二年	バブル崩壊　株価二万円割れ
平成元年	ベルリンの壁崩壊・天安門事件
昭和六四年	株価三八，九一五円史上最高。時価総額世界一　五九〇兆円
昭和六〇年	バブル狂乱物価　消費は美徳
昭和六〇年	プラザ合意　一万円札「福沢諭吉」登場
昭和四七年	日本列島改造論
昭和三九年	東京オリンピック開催
昭和三五年	所得倍増計画
昭和三〇年	五五年体制
昭和二五年	朝鮮戦争勃発
昭和二〇年	敗戦　物不足時代
昭和一六年	大東亜戦争開戦
昭和元年	

また、価格破壊路線を進めたが、高品質で多様な消費者ニーズが生じる中で、商品の魅力を打ち出せなかった。まさに企業とは「環境適応業」であることの証明であった。

ダイエーは平成二〇年には多数の店舗を閉鎖し、平成二五年イオンに吸収された。

中内氏は晩節を汚したが、日本に流通革命を起こした功績は大きかっただけに誠に残念な影を見た。

第五章　住宅産業界の陰と影

大和ハウス工業の建築基準法違反　不適合設計四千棟超
耐火性や基礎構造不適合が発覚　被害者は一万二千世帯

大和ハウス工業事件、ふたたび新聞記事を記載させていただく。

大和ハウス工業株式会社は平成三一年四月一二日、建築した二千棟を超える建物で建築基準の不適切が有ったと明らかにした。問題の建物に暮らす人は七千世帯にのぼる。防火基準を満たしていない事や基礎工事の不適合など明らかになった。同社は平成一二年から「型式適合認定制度」を活用し、建築手続きを合理化していた。工場で製造する部材などが、事前に国から建築基準をみたしていると認定を受ける制度で、建築確認時の審査が簡略化され、工期を短縮できる。だが、この制度や社内の仕様について、商品開発担当と建築現場の間で認識のずれが生じ、長年放置されたことで問題が拡大した。基礎工事の不適合も同様の構造で発生。認定の有無を確認するチェックシートでは「基礎の高さや深さを確認するチェックシートで、基礎の高さや深さを確認する項目が漏れ、認定を受けていない設計であることが見落とされていた」

（平成三一年四月一三日　産経新聞）

さらに令和元年六月一八日、一戸建て住宅やアパートなどで建築基準法に不適合な物件が新たに一千八八五棟判明した。対象となる世帯は一万二千世帯に増えた。

基礎工事で設計者が認定されていない方法で設計施工していたことも判明したという。

（令和元年六月一九日　産経新聞）

これによる被害者は、一万二千世帯にのぼるという。

新聞報道は、各社とも大和ハウス工業㈱の発表した右の内容記事だけである。解説も一切なく、良く有る世間の声も何処も報道していない。これほど大きな事件なのに、テレビも一切報道しないのはなぜなのか。筆者の率直な見解を言えば、マスコミ各社にとって大スポンサーである、大和ハウス工業に対して「忖度」しているとしか考えられない。

大和ハウス工業で見えた「型式適合認定制度」の問題

一級建築士　木津田秀雄氏　（いい家塾理事）の論説

近年、大和ハウス工業を始め大手ハウスメーカーの不具合が報道されている。大きな会社なのにどうしてそのような不具合がでてくるのかと疑問に思われる方も多いのでは無いかと思う。

実際、これらの不具合が発覚する経緯は、殆どが社員から国交省などへの内部通報と言われている。

内部通報でしかこれらの不具合が分からないという時点で、これらの住宅がブラックボックスになっていることが垣間見える。

これらの大手ハウスメーカーの多くは、一般財団法人日本建築センターなどから型式適合認定を受けている住宅を供給している。型式適合認定を受けておけば、住宅一棟毎に建築基準法の規定に合致しているかなどの確認審査を省略することができる他、部材を統一するなどのメリットもあるようだ。

型式適合認定を取得する際には、どんな地域でも、どんな地盤でも、どんな間取りにでも（とは言っても限界があるが）対応できるように、さまざまなバリエーションを用意して、その組み合わせで認定を取得している。

そのため型式適合認定の認定図書は、全部で数千ページもある書類になっており、そのすべてを網羅的に理解している人は、ハウスメーカーの中でも数人しかいないと思われる。実際に設計を行っている社員や、施工を行っている下請け業者が、これらの認定図書の内容を理解しているとは思えない。

すべからく型式適合認定建物になるようにプログラムされている自社の設計用コンピュータで設計すれば、認定図書の内容を知らないままに設計することが可能である。

一旦設計ができてしまうと、資材の発注などもそれに合わせて行うために、プログラムに誤りがあったり、設定が不十分であれば、誰も疑問に思うこともないままに認定とは異なる住宅ができてしまうのである。

本来は、確認検査機関がこの間違いを指摘する立場にあるが、実際にはそれぞれのハウスメーカーが出資する民間確認機関が確認業務を行っており、何千ページもある認定図書と整合しながら審査しているとは到底思えない。結局、誰も型式適合認定にあった住宅が設計されているかどうかの確認ができていないことになる。

このような状況は、私が担当した大手ハウスメーカーの事案でも、設計者が自社のコンピュータで設計すれば、特に指定しなくても耐震等級三が確保できていると勘違いして設計を誤ったケースや、裁判所の現地見聞の際に、住宅の外壁の構成について説明できない担当者、などがいたことからも裏付けられる。

我々が型式適合認定の住宅について相談を受けても、認定図書を入手すること自体が困難で、解決が難しいことが多い。また認定図書にも記載されていないこと（溶接方法や検査基準など）については、メーカーまかせになっていると見られても仕方がない状態で、そもそもの型式適合認定の認定方法にも問題があるように思う。

セキスイハイムの溶接欠陥について裁判で争った事案では、溶接の不具合部分について補修する必要があると裁判所が認め判決が確定した。一律ロボットによる溶接作業を行っているはずなのに、溶接不良が複数発生することについて、相談者が国交省に工場の立ち入り検査などを行うべきだとの意見を述べたが、国交省としては一つの住宅の不具合だけではそこまではできないとのことで、そのままになっている。この事案では、溶接不良はあったが、建築基準法の耐力を下回る程度では無いとのことで、セキスイハイムに対してなんら処分は行われなかった。　了

この、大和ハウス工業事件は、不適合設計や建築基準法違反を約二〇年間長期にわたり、隠ぺいしてきたことは大事件である。特に悪質なのは基礎工事の手抜き工事である。これだけ大掛かりな、手抜き工事を長期間続けられたのは全社的犯罪である。多分内部告発があり、公開せざるをえなくなったのであろうが大問題である。

第三章「日本の住宅はなぜ貧しいのか」「欠陥住宅が無くならない原因は何か」で祥述したので振返ってほしい。なぜ欠陥住宅が後を絶たないのか？という大いなる疑問が有る。

実は、これらの商品の多くは合法なのである。お気づきですね！　建築基準法という最低限の基準をクリアーしているのだ。訴訟に発展する多くの欠陥住宅も、消費者である原告が泣きを見るのが現状なのだ。建築基準法という最低限の基準をクリアーしていれば、欠陥商品であっても裁判で勝てるのである。

しかし、今回大和ハウス工業は、その最低限の基準さえ満たしていなかったのだから大問題である。

ハウスメーカーの構造的欠陥が露呈

もう一点重要なことがある。なぜこれだけ多くの建築基準法違反が発生したのか。多くのハウスメーカーにも共通するのだが、企業の構造的な欠陥が原因であると指摘したい。原因は単純明快である。

ハウスメーカーの経営システムは、設計も施工も監理も販売も全て同一社内で完結させている事だ。故に、商品に不適切な欠陥が生じてもフリーパスなのだ。さらに、組織が意図的に不適切な手抜き工事をしていても、チェック機能は機能しない。これが今回の、問題の原因と結果である。

通常住宅建築の工程には、監理業務が義務付けられている。これは設計通り施工されているかをチェックする機能であるが、監理者の存在すら無かったのだろう。基礎工事の不適合も発生していたが、基礎は建築で重要な部位である。完成すれば隠れてしまう部位を、監理者は設計通り施工されているかチェックしている。本塾では構造見学会に於いて、その記録の映像を見学会で報告する。基礎工事では鉄筋の太さや配筋の位置や、生コンはサンプルを取って置き一週間後と四週間後に破壊試験をする。もし強度が無ければやり直しである。これは監査の重要性の一端である。

悪質な業者は手抜きという違法を行うのだ。今回、大和ハウス工業は、四千棟を超える違法建築物があると自主申告したのである。即ち、手抜き工事を認めたことになる。

大和ハウス工業の沿革

昭和三〇年石橋信夫氏が創業。社名は出身地の奈良県の旧令制国名の「大和国」に因み「大いなる和をもって経営にあたりたい」との氏の願いから「ダイワ」読みにしたという。

昭和三四年プレハブ住宅（工業化住宅）商品名「ミゼットハウス」（パイプ構造）を日本で初めて世に送り出し、住宅の建設の常識を覆した。（同社ホームページから抜粋）

我が国で新しい物の発祥地の七五％が大阪で断トツである。この、ミゼットハウスも大きな話題となり、プレハブ住宅のパイオニアとなった。続いて大阪から積水ハウスが続くのである。

その頃、私は大阪府木材青年経営者協議会に所属し副会長をしていた。昭和四五年頃、話題の人でもあったので石橋社長に講演をお願いしたところ、気軽に受けて下さった思い出がある。

先ず、理念は聖徳太子の「和をもって尊しとする」から大きな和「ダイワハウス」と、社名の由来を解説された。

「住まい」の重要性を強調され、いつでもすぐに、「早く建てられる丈夫な住宅」を目指していると話された事を記憶している。

当時は、戦後の混乱が漸く収束し、住宅の需要が始まったのであった。その後、年間一〇〇万戸を超える新築の住宅ブームが到来するのであった。

林業の本場、吉野の出身でありながら木造住宅については一切なかった。我々は木材業者の団体なので、「ちょっと寂しいなぁ〜」とがっかりしたのも覚えている。

現在のホームページを拝見すると、

「ダイワハウスの企業理念は『事業を通じて人を育てる』Ｄｒａｍａｔｉｃ　Ｌｉｆｅ　Ｆｏｒ　Ｙｏｕ」。

「スローガンは『共に創る。共に生きる』Ｗｅ　Ｂｕｉｌｄ　Ｈｅａｒｔｓ」とある。

そこでスローガンの「共に」は誰なのか？　顧客や施主なら良いのだが、今回の不祥事から顧客は有り得ない。理念からみても社員であろう。なら、全社一丸となって欠陥住宅を「共に創る」になってしまった。我が国の住宅産業界のトップ企業として誠に残念無念な事件である。

家は買うものにあらず造るもの

ハウスメーカーの場合、いわゆる顧客は、「施主」ではなく「買主」が相手である。これが大きな相違点である。販売担当の営業マンは、プレハブ住宅という規格品の商品を売っている。

商品カタログを基にして、間取り等の希望を買主から聴取し、それに基づき設計者は、規格のパターンを変更や修正する。要するに、買主はパターンの決まった工業化商品である既製品（規格品）の家を買うのである。

家を造る人は「施主」であり、既製品の家を買うのは「買主」である。この違いは将来、光と影・天と地の差の結果になる。今回、大和ハウス工業は事の大事を自ら証明してくれたのだ。

「家を買う」という感覚である限り、実際に暮らしはじめてから、「えっ、こんなはずでは…」と後悔する恐れはなくならない。

なぜか。それは、家は本質的には既製品であってはならないからだ。既製品を買って、それに家族の暮らし方を合わせるようでは、豊かな暮らしは実現できない。それに、家族が健康で快適に暮らしていくための品質が保証されているかどうかが、既製品ではよく見えないからだ。

健康で快適で豊かな、あなたの家族だけの暮らしを実現したいのなら、「家は造る」ものでなければならない。

建売住宅やマンションはまさに既製品なので、「家を買う」しかできない。ハウスメーカーのプレハブ住宅も、自由設計をうたいながらも、限られたプランを選択する程度のものも多く、まだまだ規格化されていて、私の思う「家をつくる」というにはほど遠いもの。

いずれにしても、「家を買う」という認識から脱却して、「家は買うものではなく、造るもの」という認識に切り替えていくことが、いい家づくりの基本である。

大和ハウス工業の何よりの問題点は、基礎&構造が不適格であった事だ。基礎とは建物を支える最重要部位であり、構造とは建物の骨組みである。物事で先ず重要な事の例えを「基礎が大事」という。その重要な家の基礎を、まともに施工していなかったのだ。

基礎工事の為に地盤調査に重きを置く。軟弱地盤であれば、地盤補強や地盤改良が必須であるからだ。土質の調査では、粘土質や砂地、岩盤もある。またハザードマップを参考にして、水害にも注意しなければ安心できない。河川の氾濫の可能性が有れば、基礎と床も高くしなければならない。

家づくりはまず地盤造りから始まる。続いて重要な部位の基礎工事にと進めて行く。基礎は地盤状況などから、布基礎かベタ基礎か等を判断する。基礎工事では、鉄筋の配列や強度、生コンの強度試験も必須である。

今回大和ハウス工業は、基礎の高さや深さという強度上最重要であるにもかかわらず、手抜き工事をしていたのだ。

築一七年の旭化成ホームズのヘーベルハウスに住む島村さんが深刻な悩みの相談に来られた。

屋根は平らな陸屋根で、延べ床面積二百㎡の二階建ての二世帯住宅に住んでいる。兎に角、夏は暑く冬が寒いそうだ。そして断熱が全くできていないと思うという。どの部屋も冬は結露で、アルミサッシのどの窓も水滴がびっしりだとか。また、壁はビニールクロスで床は合板のフローリングなので、自然素材に変えたいと希望された。

長年の冬の寒さに耐えかねて、この会社にリフォームの相談をしたところ、二千万円位かかると見積もりされたそうで、さらにこれ以外に、「屋上の防水も悪くなっているので二四〇万円必要です」と平気で言われたということだ。また、ガスの配管図等、保存されてなく図面が無かったそうである。

数年前に、外壁のＡＬＣ（軽量発泡コンクリート）の目地の改修も大掛かりであり、高額で実施したばかりだったとか。

この、メンテナンスの必要性がヘーベルハウスの欠点だと、住人の悩みであるという。「なぜ、こんなに早く住みにくくなるのか」と、大きなため息であった。

そして、改善の為のメンテナンスに、新築が出来そうなほど大きな費用がかかることにショックを覚えたという。

島村さんは、いい家塾生として改善策を勉強している。基礎の講座では、自宅の基礎が随分手抜き工事であったことにも気づいた。上場している一流企業だからと、信頼していたが期待が裏切られた。不具合がどんどん出てくるので腹立たしい事ばかりだ。一九年前に「いい家塾」が在ったら良かったのに、と残念がられた。

また、築二一年の同じく、旭化成ホームズのヘーベルハウスに住んでいる川島さんからも、夏は暑く冬が寒すぎるという深刻な悩みを披歴された。

事例のようにハウスメーカーの戦略は、「新築後はリフォームをし、三〇年未満で建替え」というセットのシナリオができているようだ。

住んでみて不具合に気づいた本山さんの話

いい家塾の五期生の本山さんから、今お住まいの家をリフォームしてほしいと依頼があった。軽量鉄骨造二階建て陸屋根で一九四㎡もある大きな家。隣接して三〇坪程増築してほしいとの希望も聞いた。

打ち合わせのために下見に伺った際に、リフォームと増築を希望されている理由をお聞きしたところ、部屋の使い勝手が悪いので間取りを変えたいことと、モノが

住宅産業とはなにか「クレーム産業」である

この言葉は業界の人たちからよく聞いてきた言葉である。業界ではあまりにも多いクレームから「クレーム産業」と言われて久しいという。

先ず、夏の暑さと冬の寒さのクレームが顕著だと聞いてきた。残念ながら多くの住宅産業界では大同小異である。多少の違いはある

多いので収納スペースを増やしたいという。そういえば、広い家なのに部屋の中はモノであふれている。

この家は築一四年で、大手積水ハウスのモデルハウスだったのを買われた。モデルハウスを買った理由は、展示場で見たとき格好良かったのと、定価より安かったからだと。そしてなによりも、モデルハウスだからきっといい家だろうと思ったそうだ。

「なるほど、なるほど」とメモをとりながら打ち合わせを進めていたのだが、気になることがあった。その日は初夏の陽気で、少し汗ばむ程度の気温だった。本山さんの家の玄関前に着いた時は、大阪湾からの風が心地よい、比較的さわやかな日だった。ところが、案内された応接間は、エアコンと扇風機がフル稼働しているのにとても暑い。奥様にそれとなく尋ねてみると、「この家、夏は暑く、冬が寒いんですよ」と嘆かれた。また、音が響くことにも悩まされていた。とくに、風のある日は建物が揺れたり、気持ちの悪い音がするそうだ。

実際、鉄骨造は夏暑く冬寒いものだ。鉄の熱伝導率は木の三百倍で熱がよく伝わるから。その上、調べてみると本山さんの家には断熱施工がほとんど施されていなかった。また、鉄骨造は音の悩みも避けられない。音の伝播率も大きいので、音が響き渡る。

が概ね業界の一般的な状態である。

夏の熱い家は、冬も寒いので、一体、一対《いっつい》である。多くの要因要素があるが、まず基本の構造が問題だ。鉄骨造で外壁材がコンクリートならば、鉄は木の三〇〇倍、コンクリートは木の一四倍、熱伝導率が高いのが原因である。

いい家塾では「家づくりは夏の暑さを旨とすべし」を合言葉に家づくりの基本としてきた。日本列島は夏の高温多湿、冬の低温乾燥の四季がある。

キーワードは文字通り湿気をコントロールすることが重要なポイントである。原因である湿気とは何かを理解すれば解決策が開ける。

それには断熱の問題がある。断熱が出来ていれば、夏涼しく冬暖かい家が出来る。しかし、この断熱が出来ていないと結露のクレームになる。断熱と結露の問題は一対でもある。

これらは基本性能の構造に起因するので、メンテナンスやリノベーションは大掛かりになる。さらに多いクレームに音の問題もある。

ここは郊外の自然に大変恵まれた環境だ。「夏涼しく冬暖かい健康住宅」をつくるには、この自然を最大限に活かす工夫が必要。例えば窓の位置は、家の中に風の通り道ができるように、計算して決める。また、最近庇《ひさし》の無い家が多く見かけるが、窓には必ず庇を付ける。

庇の角度と長さは、四季の太陽の高さを考えて設計する。このように、家づくりのポイントは「夏の暑さを旨とすべし」という、先人の教えに凝縮されているのだ。

診断の結果、現在の構造のままでは使い勝手以前の暑さや寒さなど根本的な悩みの解決は難しい。費用対効果の点からも、リフォームはやめて建替える方向で答えを出した。リフォーム程度では解決できない問題だったのだ。建替えに必要な大きな出費は、最初に家を買った時に、正しい知識と選択眼をもっていれば、避けられた出費だ。この本山さんの苦い経験のように、家を買ったり建てたりしてから不具合に気づき、後悔する人がとてもたくさんいる。

川　柳　「家づくり　夏の暑さを　旨とする」　遊　楽

一）平成二七年三月、東洋ゴム工業(株)が二五都道府県の各種大規模ＲＣ建九〇棟で、性能不足の免震装置ゴムが使用されていたことが発覚。

二）平成二七年一〇月、三井不動産グループが販売した横浜市のマンションに昨年一一月住民から指摘され傾斜が表面化。施工主は三井住友建設、日立ハイテクノロジーズを経て基礎工事は旭化成の子会社旭化成建材が行った。傾いた原因は建物を支える杭打ちで八本が強固な支持層に達していなかった。四棟全ての改ざんは七〇本になるという。販売会社は全棟建替えるというが、住民の同意を得るのが困難。旭化成建材は過去に手掛けた杭打ち施工は最大三千四〇棟に上るという。コスト削減の為、施工不良、データー改ざん等手抜き工事が発覚した。下請け企業の重層や工期短縮などが原因と言われている。

旭化成社長談話「皆様の大切な、高額な買い物に傷をつけてしまったことに心からお詫びします」と。※

三）レオパレス二一施工不良が千三百二四棟

賃貸アパート建築大手のレオパレス二一は平成三一年二月八日、施工不良の為特に危険だとみている物件六四一棟の入居者七千七百八二人に対し、三月末までに転居の要請を始めた。天井に耐火上の不備がある。最終的には、新たに見つか

※いい家塾の主張：「家は買うものに非ず、造るもの」

った千三百二四棟の計一万四千四百四三人に転居を促した。

その後、施工不良物件は令和元年七月末時点で二万二一三九棟になり全施工物件は四万棟近いという。

マンション問題が顕在化

「二〇二〇年マンション大暴落」は本当だった。平成二七年九月、東京都議会の住宅政策審議会がまとめた答申が波紋を広げたという。

「こうした傾向に伴い、マンションにおいても、空き住戸の増加や管理組合の機能低下等によって管理不全に陥り、スラム化を引き起こす可能性が指摘されている。ひとたびマンションがスラム化すれば、周辺市街地や生活環境における、治安や景観、衛生面での悪化を招き、地域社会における深刻な問題へと発展するおそれがある」と。

「限界団地」の出現を危惧

コンクリート打ち放しの家

著名な建築家、安藤忠雄氏のコンクリート打ち放しの家が有名だ。しかし、私は特に住まいには適していないと言ってきた。氏の有名な受賞作品に「住吉の長屋」がある。

過日、TOTOテクニカルセンターで氏の作品の展覧会があった。ご自身で活動報告や解説が有り「住吉の長屋」を手掛けた時のエピソードを次のように語っている。「建築の依頼主から寒さを訴えられたので、「たくさん服を着ればいい。もっと寒かったら…諦めろと説得した」と明かしたら会場は笑いに包まれた。と新聞報道で知った。会場の笑いを取るためだったのか??

依頼主は、毎日の生活で真実の悩みであり訴えであったはず。建築家として依頼主に対する対応とは信じられない無責任な言葉である。ご本人のコメントでも分る通り、コンクリート打ち放しの家は住宅に不適切なのだ。

問題は建替えだ。分譲マンションの建替は区分所有者の五分の四の賛成が必要。団地の全棟を建替るには各棟の三分の二の賛成が必要になる。これが至難の業なのだ。二〇一三年四月時点で建替を終えた分譲マンションは全国で一三七ヵ所、一万一千戸程度だ。近年急増する超高層マンションの建替時期に数千人規模の住民はどのように合意を図るのか。また建替え時の資産価値と新築費用のギャップも避けて通れない大きな問題点だ。

今後は少子化と人口減少により空家率は確実に上昇し、いずれにしても高齢者に重い負担になっている。まさに都市において「限界団地」が誕生するのではないかと危惧していたが現実になってきた。

最大の問題はこれらの重要課題に対し「行政も住民も無関心」なことだ。二〇年後には建替も解体も出来ず、廃虚として放置される可能性が高いのに、今後も超高層マンション群の建築ラッシュが続いていくのは確実だ。

増加が続く「空き家」問題

全国で空き家が増加している。総務省の住宅・土地統計調査によると、平成三〇年一〇月一日時点で八四六万戸と五年前より二六万戸増え、過去最多を更新した。住宅総数に占める空家の割合も過去最高の一三・六％に達した。

今や、国内の八軒に一軒が空き家という状態である。管理が不十分な空き家が増えれば、治安や周辺景観の悪化を招くことになる。人口減少社会を迎え、住宅の供給過剰の訂正も必要である。住宅総数も五年前の調査と比べて一七九万戸増え、六千二四二万戸と過去最多を記録した。空家の半数以上を賃貸用住宅が占めるが、住人の住み替えや引っ越しに伴い、長期間人が住んでいない「その他住宅」が急増している。

空家率は山梨が二一・三％と最も多く和歌山、長野と続く。大阪が一五・二％東京が一〇・六％と都市部でも目立ち始めている。自治体の中には「空家バンク」を設けて空き家情報を公開している。空家の有効利用も大事だが、空き家を生まない制度作りも欠かせない。税制改正では相続で取得した家屋や土地を売却した際にかかる譲渡所得を差し引ける減税を延長した。

しかし、年九〇万戸以上の新築住宅が建築されている。住宅を使い捨てにするよ

住宅メーカー五社の連結決算
三社が売上高最高
平成三一年三月期決算

左記は最新の決算報告書である。大和ハウス工業の増収増益が際立っている。二〇年間不法行為を行ってきた結果なのか。

会　社　名	売上高　億円	純利益　億円
大和ハウス	4 兆 1435	2374
積水ハウス	2 兆 1603	1285
飯田グループ	1 兆 3450	
住友林業	1 兆 3089	291
ヘーベルハウス	6598	

うな新築偏重の政策が、空き家が中古市場で流通しにくい大きな要因である。中古住宅の取引を促す制度改革も急ぐべきだ。

何より、「長寿命で住み心地のいい家」づくりをすべきである。欠陥住宅で短命住宅が諸悪の根源である。

二〇一八年度大手ハウスメーカーの坪単価（平均）

（住宅産業新聞報道より）

二〇一八年度大手ハウスメーカーの坪単価（平均）である。

この数字は、ハウスメーカーの販売標準価格である。実際は多くのオプション（追加）が必要になり、別途上乗せ価格になる。

これは昨年の価格であり現在は災害の頻発、消費税駆け込みで五％以上割高である。床面積は同一である。

ハウスメーカー名	ハウスメーカーの平均価格（万円）	ハウスメーカーの平均価格（万円／１棟）	ハウスメーカーの平均床面積（坪／１棟）
1位　三井ホーム	93.8	3,954	42.2
2位　住友林業	93.1	3,770	40.5
3位　旭化成ヘーベルハウス	84.9	3,074	36.2
4位　セキスイハウス	87.0	3,700	42.5
5位　積水ハイム	80.6	3,030	37.6
6位　大和ハウス	84.3	3,370	40.0
7位　パナホーム	80.3	3,473	43.2
8位　ミサワホーム	72.9	2,712	37.2
大手８社の平均	84.6	3,385	39.9

坪単価のからくり&マジック

一）坪単価の算出計算式

・坪単価＝　建築費総額　÷　延べ床面積

・坪単価トリック：吹き抜け・ロフト・ベランダ等は、本来一／二坪計算なのに一／一（全面積）を計上して坪単価を安く見せる。建築費用総額が同額なら、床面積が大きくなるほど坪単価は安くなる。

二）「事例検証」

①基礎工事や・土台、構造材、断熱、壁内、屋根裏等など完成すれば隠れてしまうが、これらの個所が重要部位である。ここで手抜き工事や安価な材料で利益を獲得する。また、低価格販売の要因である。

②設備・什器類を安価な物を使用して調整する。

③オプショントリックの常用：モデル仕様にするには多額の変更&追加工事の追加費用が業者の戦略。ｅｘ）タマホーム他各社。

おわりに

最後までお読みいただきありがとうございます。

書名「真逆を生きる」～平成元年を境に世の中180度変わった～

このフレーズは私の発想である。昭和の終わり間近の昭和六〇年、まさにバブル絶頂期で狂乱物価が吹き荒れた。激動の昭和が終わり、まるで真逆の平成が始まる。

そして令和を迎えた今、この国の大きな課題は「少子&高齢化」である。この大きな問題に如何に適応していくのかが問われている。そして社会を変える近道は住環境にあることを解明してきた。

昨年の新生児数は、統計開始から初めて九十万人を割り、八七万になった模様だ。一方高齢化が進展し世界に冠たる長寿国であり、まさに人生一〇〇年時代に直面している。

子供への痛ましい多くの事件はまさに社会問題である。また高齢化社会の進展で家庭内介護、とりわけ「老々介護」での生活環境の諸問題が切実である。昨年十一月福井県で、夫とその両親三人を絞殺した妻七一歳が逮捕された。三人の介護疲れが原因だという痛ましい事件であった。

六五歳以上の介護で、老々介護が五〇%以上という現実がある。私は九八歳の母と老々介護の実体験を活かして、高齢者の住まいと家庭環境の充実に向けて、この国の住宅・住まいのあるべき対応に真剣に取組んできた。千差万別のニーズに、お応えしてきた実績に注目して頂きたい。そして活用して頂ければ幸いである。

あと先になったが、簡単に自己紹介させていただく。なぜ「いい家塾」が誕生したのかもお聞きいただきたい。

いよいよ社会人

よく釜中さんは何者ですか？　と聞かれる。私が「キゾク」と答えると、皆さん、えっ！　と、驚かれる。貴族と勘違いされるのが面白くて、いつもそう答えている。「貴族」ではなく「木族」である。もともと「材木屋」である。

私は昭和一六年（一九四一年）奈良県桜井市の製材所を営む家で生まれ、製材機の音を子守唄代わりに育った。桜井市は吉野林業の集散地で、吉野スギやヒノキの原木が集まっていた。製材所も数多くあり、吉野桜井のブランドで良質な製材品を各地に出荷していた。「門前の小僧習わぬ経を読む」というが、子供ながらに製材の音と香でスギとヒノキの区別ができた。

昭和三九年二三歳の時、大阪市住之江区平林で北米材と南洋材の原木販売業を創業した。

当時、故郷の吉野林業は出材が細り、輸入木材に依存する、大きな潮流の変化を肌で感じていたのだ。

社会人になって初めてのビジネス。無我夢中、若さに任せて全力投球であった。顧客の評価もあり、順風満帆の怖いもの知らずといった状況である。さらに、日々取り扱っている原木を自分の目で検分し、自分の力で開発し輸入したいという、とてつもない夢を描くようになっていた。私の「坂の上の雲」である。

理由の一つは、商社マンは木材に関して素人であり、目利きが出来ないのだ。

当時、外貨保有量は少なく一ドル三六〇円であった。貴重なドルを使うのだから、価値のある木材を輸入したい。その希いが、真っ赤な炎の様に燃えるようになっていったのを覚えている。

この当時から、一種の使命感と正義感に燃えるところがあったようだ。

昭和四三年二七歳の時、星雲の夢を抱いて、たった一人で赤道直下のボルネオ島に渡った。何の計画も知人も無く兎に角、現地にこの身を置きたいという情熱で飛び立ったのだ。

ボルネオ島には、マレーシアのサバ州とサラワク州、インドネシアのカリマンタン州と、ブルネイの三カ国がある大きな島だ。私はサバ州のサンダカンとタワウを拠点にした。

元、首狩り族である原住民で、イバン族の酋長以下の多くの家族とロングハウスで生活を共にした。入口にはシャレコーベ（頭の骸骨）が飾ってあった。

セスナ機で上空からも調査した。アッ、山火事だと叫んだ。「トアン（ミスター）あれは焼き畑農業だよ！」とパイロットは笑った。時々操縦かんを握ったこともある。

今アマゾンで大火災が深刻な被害だが、焼き畑も原因の一つだ。世界の熱帯雨林とはアフリカとアマゾンとボルネオ島などの東南アジアの三カ所である。

細密なデーター取りはジャングルに入り樹種や密度を丹念に歩いて調査した。案内と護衛は酋長一族であった。最初にジャングルに一歩足を踏み入れた時、感動に身震いしたのを思い出す。そこは、ワニや大蛇など野生の王国そのものであった。

ある時、山ヒルに襲われて、一週間四〇度の高熱にうなされたことも良き思い出だ。慰めは南十字星が手の届きそうな大きさで、降るような星空だった。

水には苦労した。毎日降るスコールをドラム缶に貯めた雨水を飲むが手順がある。先ず水面のごみをふちに寄せる。次にドラム缶の横腹をコンコンと叩く。これでボーフラ達が沈んでくれる。そこで両手ですくって飲むのだ。猿の脳みそや、ワニなど得体のしれない物も食べていた。当初は下痢との戦いであったので正露丸にはお世話になった。

約四年の歳月を経て、努力が実りラワン等の南洋木材の輸入に成功したのだ。

当時は丸紅や三菱商事、三井物産、日商岩井、日綿実業など大手商社が開発輸入をしていた時代である。

夢にまで見た私の運搬船「雄光丸」が大阪港などを何度も往復した。当時は木材の需要が旺盛で合板メーカー等に販売した。本船一隻の取引額は億円単位であった。青二歳の一介の材木屋が商社業務をやってのけたのだ。これは燦然と輝く、私の痛快事の「光」であった。

川　柳　「武勇伝　何度聞いたか　子供たち」　遊　楽

しかし「好事魔多し」を体験する。その後、熱帯雨林の破壊などが問題化したのだ。

森林環境保護に対する運動が世界的な高まりとなった。私も三年後に撤退を余儀なくされ、ダメージの大きい「影」を体験するのであった。

私の宝船　雄光丸

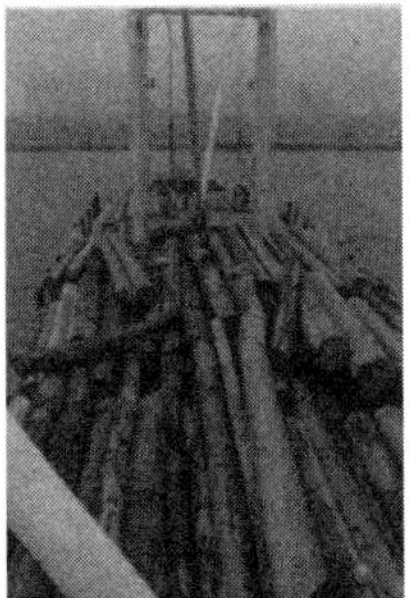
南洋材原木を満載

南洋木材をボルネオで開発輸入していた頃の、元気印で怖いもの知らずの私は、ある足跡を残した。

昭和四八年（一九七三年）に映画をつくった。

当時世の中では、戦後の住宅不足を解消するために、公団住宅やプレハブ住宅が次々と建てられていた。

そんな中で、たった二日で家ができあがるという、鉄板の箱のプレハブ住宅が登場した。工場で造った鉄板の箱を並べて「はい、家です」という。私は大変な危機感を覚えた。とても人が住める代物ではない。

夏は暑くて冬は寒い。夏、クルマの車内はどうなるか？　ボンネットで目玉焼きができる。そんな家なのだ。それだけではない、音が大きく反響してとても生活できない箱である。

日本の家の構造材には、鉄や鉄筋コンクリートよりも木が適している。それなのに、木は鉄やコンクリートと比較して「燃えやすい、腐りやすい、弱い」と、ほとんどの人が誤解している。鉄板の箱[※]のプレハブ住宅のことを知って、この誤解を正さなければ大変なことになると思った。そこで、多くの人に木の良さを正しく知っ

※鉄板の箱のプレハブのメーカーはあのトヨタ自動車で、このプレハブは早い段階で市場から撤退した。

てもらうため、私が脚本を書いて映画をつくることにした。

団地住まいの四人家族が、持ち家を考え始めるところから話は始まる。そして、どんな家が良いのか、家族会議が開かれて物語は進展していく。その折々に、日本の家に木が一番適していることを科学的に説明していく。こうして、三十分の劇場用映画「木霊《こだま》」が誕生した。

今も、「いい家塾」の講座で教材として観てもらっている映画である。塾生から「目から鱗です」「四〇年前の映画とは思えません」「塾長の戦いの原点を知りました」「今もぶれずに戦っているのは素晴らしい」との感想を聞くにつけ、つくって良かったとつくづく思う。

「なんだ、君は材木屋だから木造を推薦するのだろう」と言われるかもしれない。しかし、木の長所短所を知っているからこそ、日本の気候風土にふさわしく、人体に最適なのは「木」だと、自信をもって言えるのである。


映画をつくってからちょうど三〇年後の平成一五年九月、大手全国紙の記者氏が、「木霊」の上映会を開催してくれた。映画が終わったあと、私は制作当時より住宅環境がますます悪くなっていることの危機感を訴えた。家を買ってから「こんな筈ではなかった」と後悔する人が余りにも多いからだ。

ローンが終わる前に建て替えなければいけない、短命住宅や欠陥住宅などの資産価値のない家。

暑さ寒さや、結露に悩む家。被害が深刻なシックハウス症候群や化学物質過敏症を引き起こす家。

いずれの問題も、消費者が家づくりを知らないことに大きな原因が有った。そんな無防備な消費者を、救済したいと熱っぽく語った。

参加者から「釜中さん、具体的にどうしたいのか？」と聞かれた。私は消費者自身が「良品と悪品」を見分けるための正しい知識と最新情報を提供する場をつくりたいと提案した。一人ひとりが「いい家とはこんな家です」「こんな家に住みたい」と言えるようになるために、勉強の場の必要性を痛感していたからだ。

参加者から拍手が起こり、一級建築士や工務店、自然素材の家具店の代表者など数人がすぐに同意してくれた。そして、平成一五年九月二五日、その場で任意のNPO「いい家塾」が誕生した。

善は急げ、大車輪で準備を重ねて翌年五月、創立記念第一回シンポジウムを開催した。さらに同年翌月の六月に記念すべき、いい家塾、第一期生十一名を迎えて開塾。

平成最後の二十一期が終了し、卒塾生は七五〇名になった。そして、塾生から請われて一緒に造った「いい家」は五〇棟になった。

「いい家塾」は、一人ひとりの夢を形にするひとつのコミュニティであり、自立に導いてくれる社会学校でもありたいと考えた。家について知り、学び、教えあうことは、暮らしのあり方を見直すことだと考えたからだ。それがさらに、住宅産業界や行政に働きかけていく、大きな力に育っていくことをいつも願って全力投球してきた。

いい家塾のねがい

（1） シックハウス・シックスクール・コンクリートストレス・電磁波などの被害の深刻さを、もっと行政や関係産業界、そして国民に認識してもらいたい。鉄筋コンクリート（RC）によるストレスは、多くの疾病や癌の原因になっている。また白血病小児癌の増加は、青少年が罹患者だけに深刻である。

（2） さらに、社会問題化している少子化や幼児虐待やキレル子供の殺人など、多くの悲しい事件の本質を認識してもらいたい。またシックハウス症候群や化学物質過敏症の元凶を知り、健康や命を削っている石油化学物質素材をいくら合理的であっても使わない、使わせないことが大切。

（3）一二万六千人の児童生徒の不登校の原因も、RCマンション&RC校舎、シックハウス症候群や化学物質過敏症が関与。これらの現実と「いい家」の大切さを真剣に国民が認識し、悪因を排除する賢明さと強さを願って止まない。「学校を木造校舎にする運動も行ってきた」。いい家塾から大きな広がりへ「ムーブメント」を切望している。

（4）悪貨が良貨を駆逐した。プレハブ住宅とプラスチックの二つのイニシャル「P」である。

工業化住宅のプレハブの問題点を第四章で多くを指摘した。プラスチックの問題点も多く、シックハウスや化学物質過敏症などの原因物質であるVOC（揮発性有機化合物）を発散する石油化学工業製品である。第二、三章で記述したので確認して欲しい。

（5）「悪品と良品」を峻別出来る消費者になって欲しい。短命住宅や欠陥住宅、五重苦等の資産価値の無い家を買わない事。いい家は貴方が主体性を発揮して造るものである。合言葉は「家、笑う」。

本書発刊記念事業　ネットワークの拡充

「いい家塾」は、後悔しない家づくりネットワークを標榜している。大阪を中心に関西エリアで活動してきた。他地域の読者から、家づくりの相談や講座開設の依頼を多く聞いてきた。残念ながら対応できていない。

しかし、他地域の優秀な方々と広範なネットワーク化が、構築できれば要望に応えていきたい。

本塾の理念や活動方針や内容に賛同し、共にいい家づくりに意欲的な方とパートナーシップを構築したい。家づくりに関連する専門業者の方で、一級建築士、木造建築を得意とする工務店や、木材など自然素材の優秀な商品、特別な技術やノウハウを提供される方々です。お気軽にご相談ください。e-mail kamanaka@aiss.jp

最後までお読みいただき感謝いたします。令和元年五月一日、大和ハウス工業の不祥事が動機となり、怒りからスタート。そして我が人生の集大成として記しました。多事多用の中、一〇月一五日筆を置きました。

書き終えての実感は、行動の基本理念は「利他業」であり、心情は「使命感&正義感」でした。住まいの水先案内人として一所懸命でした。負けず嫌いでした。反省点は、我が人生は我が儘で頑固で不器用であった。

さて本書は第三刊である。JDC出版代表の久保岡宣子氏には大変お世話になった。書き上げた原稿量が、つい熱が入って三冊分の文字数であったのだ。交通整理をし、見事にまとめてくれた、流石です。彼女は出版社をはじめ、むつかしい商業演劇の一座を抱え、演出監督まで熟すマルチ才女である。

彼女とは三〇年来の旧知の間柄で、川柳の会「相合傘」に誘ってもくれた。

私の人生にあって、五五年間を日本の住環境の向上、とりわけ「いい家づくり」に傾注してきた。筋金入りだと自負している。本書が、お役に立てればうれしい限りである。

あなたさまのご多幸とご健勝を祈念申します。

多謝

基本理念は「人は家を造り、住まいは人を創る」、合言葉は「家、笑う」。

人が好き
子供が好き

木と家が好き
そして美しいこの国が大好き
趣味は「人の喜ぶ顔を見ること」
性格は「超がつく世話好き」
住いの水先案内人
一所懸命の釜中明です

後悔しない家造りネットワーク　一般社団法人《いい家塾》
塾長　釜　中　明

そこで一句
「もっと鳴け　終章知るや　蝉時雨」
「人生は　終わり良ければすべてよし」　遊　楽

付　「いい家塾の正体」

「いい家塾」のアイデンティティー（C・I）IDENTITY

アイデンティティーとは何か

辞書：自己同一性・自我同一性・主体性・身元・etc

釜中流：「・・・らしさ」　らしさとは：「モノの本質」

◆C・I　：コーポレート・アイデンティティーとは：企業の総合戦略を世間に伝える活動で、D・I　M・I　V・I　B・Iの四つのアイデンティティーで構成。

一般的に日本ではCIといえばV・I（ビジュアル・アイデンティティ）だと思われている。（「経営ジャーナル」中堅・中小企業の革新と成長を実現するCI戦略の在り方釜中明著　記事参照）

一．創立趣意＆事業規定

Domain　Identity

Domain：領土・領域

一般社団法人いい家塾は何業なのか：「賢明な消費者輩出業」と規定した。

（1）「いい家」が多くの社会問題を解決する重要な要素であると考え、住環境の改善向上に向け行動する任意のNPO組織として平成一五年創立した。

（2）消費者保護を目的に、消費者と業者間の第三者機関として中立の立場で「いい家」の普及に貢献する。

（3）家を買って「こんな筈ではなかった」と後悔する人を無くすため、正しい知識と最新の情報を提供する講座を開設し、賢明な消費者の輩出を目指す。（前期二一期で七五〇名が卒業）

（4）良質な家づくりを実現するため、消費者の自立と主体性が高まる様に支援する。平成二四年創立一〇周年を期して、より社会的使命を果たすべく、一般社団法人に改組した。平成三〇年創立一五周年記念の年を迎えた。

二、基本理念&定義の制定

Ｍｉｎｄ　Ｉｄｅｎｔｉｔｙ

Ｍｉｎｄ：心、精神、意識、理性

〈基本理念〉　理念とは哲学である

「人は家を造り、住まいは人を創る」（釜中　明）

家はハードであり、住まいはソフトである。

国家百年の計は教育にあり、教育の基盤は家庭（教育）にあると考える。多くの社会問題は「住まい」に起因する。教育の現場は家庭、学校、社会の三つ。最重要なのは家庭教育。家づくりは人づくり。人づくりは国づくり。故に「いい家づくり」が最重要と考える。

「いい家とはどんな家」と呼びかけ啓蒙活動を行う。

〈定　義〉

□　住まいとはなにか。「人生の基地」で、生命と財産を護る器である。
住人の暮らし方はソフトであり文化である。集って暮らす喜び（例二世帯三世代同居、待機児童問題も解決）もある。一方家は建物自体がハードでありソフトと表裏一体である。

□　いい家とはなにか。「長寿命」で「オンリーワン」の「住み心地のいい家」。

□　住み心地のいい家とはなにか。「夏涼しく、冬暖かい自然素材の健康住宅」。
解決策は「湿気を制する」こと。この内容は誰も言えなかった、誰も実践出来なかった事を、本塾の「いい家」造りで実践しエアコンゼロの家も出現している。

□ 家は買うものではなく造るもの。

買うものとは既製品の建売住宅、マンション、ハウスメーカーのプレハブ住宅など。

家とは「オンリーワン」の「住み心地のいい家」を住まい手自身が造るものである。

〈合言葉〉：「家笑う」

諺に、笑う門には福来る。家族が健康で笑いが絶えない家、これが幸せの原型と信じる。

川　柳　「いい家だ　スマイルだネと　家笑う」　遊　楽

〈運　動〉

□ 百年住宅で個人経済を豊かにし、よき家族制度の復活を目指す。

子や孫には人生をローン地獄から解放し、豊かな人生を享受する社会を目指す。

（核家族が八五％以上）

□ 一一月八日を「いい家の日」と定め住環境の向上を目指す。

□ 学校を木造校舎にする運動。

三、シンボルマークの「いえじゅくん」

Visual Identity

Visual：視覚の、視力の、光学上の、目に見える

一一月八日を「いい家の日」と決めた。その「八」をモチーフに家を図案化し、「いえじゅくん」と命名。

合言葉の「家笑う」ごとく、家が、笑いと喜びをアピール。取り囲む丸は家族が健康で円満で喜びと絆を表現している。

太い頑強な足は、基礎や土台、手は、庇で四季の太陽の光と熱をコントロールしている。屋根は陸屋根ではなく、雨仕舞の良い傾斜のある屋根で、軒は雨水から壁を保護。目と口は自然の風と光を自由に取り入れる為の窓。大きく口を開けて笑っている。

合言葉は「家笑う」。

・商標登録第5078280号

当塾の「いい家」を一目で分かりやすくアピールしてくれている。

四．諸活動

Ｂｅｈａｖｉｏｒ　Ｉｄｅｎｔｉｔｙ

Ｂｅｈａｖｉｏｒ：行為、行動、態度

〈書籍の出版〉

「いい家とはどんな家」なのか、を一人でも多くの人に伝えたいとの願いから著書を二冊出版。

第一刊：「後悔しない！いい家造りの教科書」

～家族の健康を守る家を建てるために～主婦の友社

第二刊：「いい家塾の家づくり」後悔しない家造りの教科書Ⅱ

～住み心地のいい家とは「夏涼しく冬暖かい健康住宅」ＪＤＣ出版

あなたの常識は正しいですか？　と問いかけ、あまりにも無防備な消費者に本書を家造りのバイブルにして欲しいとの願いを込めた。類書に無い本書のポイントは「問題提起から解決策、そして成果」という構成と内容が認められて、公益社団法人「日本図書館協会選定図書：工学・技術」になった。

新刊書：本書＝「真逆を生きる」

～平成元年を境に世の中180度変わった～

大和ハウス工業の建築基準法違反、不適切設計四千棟という大事件が発覚した。我が国最大の住宅販売会社である。消費者は、より一層の「良品と悪品」の選択眼が求められる。

「良品と悪品」を峻別する賢明な消費者の輩出を願って出版した。また、人生百年時代にいかに生きるか？　という大テーマがある。

〈講座開催の趣旨〉

平成一五年、最後の宮大工と慕われた西岡常一棟梁の教えを家造りに伝承すべく、いい家塾を創立したと自負。現代の住宅は、「欠陥住宅、短命住宅、シックハウス」など余りにも資産価値も無く問題が多すぎる。

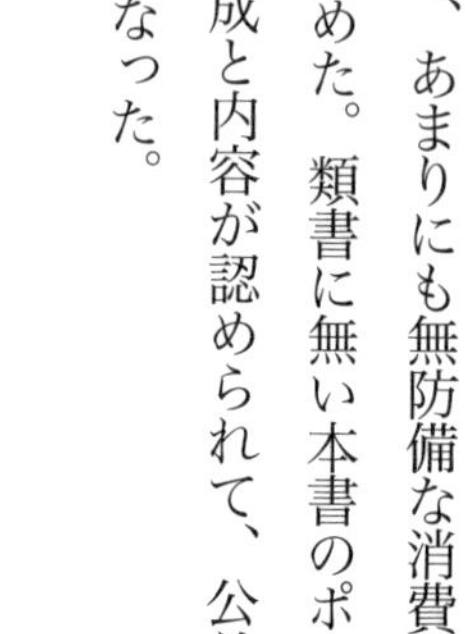

後悔しない為に、「良品と悪品を峻別できる賢明な消費者の排出」を目的に講座を開設。

本塾の誕生にはドラマが生まれた。四〇年前日本の気候風土に適した人と住まいの関係を、私が脚本を書き制作した劇場用映画「木霊」の読売新聞の上映会がきっかけだった。今も講座で教材として上映。

「いい家塾」は一人ひとりの夢を形にするひとつのコミュニティであり、自立に導いてくれる社会学校でありたい。家について知り、学び、教えあうことは暮らしの在り方を見直すこと。さらに、住宅産業界や行政に働きかけてきた。

例えば、信じられないことに我国に存在しなかったので「住宅基本法」の早期制定と、問題の多い「建築基準法」を改め「建築基本法」の制定を願い政府に提言書を提出するなど全力投球してきた。

ご一緒に勉強しませんか。

〈家づくりも協働〉

二一期が終了して七五〇名が卒業。学んだ事を活かして塾生と一緒に「いい家づくり」も手伝う。

五〇余棟が完成し、各家に物語が生まれ竣工時の喜びを共有している。更なる「住み心地のいい家」づくりに使命感を以て全力投球している。

〈講座の狙い〉

◆あなたの常識を疑ってみませんか?「常識の非常識。常識のウソ」が余りに多い。

木造は鉄骨造やコンクリート造に比べて、「地震に弱い」「火事に弱い」「強度が低い」「腐りやすい」「価格が高い」と断定される方が圧倒的に多い。この常識も正しくありません。

本書「常識を疑ってみる」「木と鉄とコンクリートの強度比較」「まず地盤」「木造は地震に弱いという誤解」火事に弱いという誤解参照。

◆問題提起:こんな筈ではなかった

「住まいの五重苦」:シックハウス・コンクリートストレス・断熱・結露・音。

◆家造りで重要な次の五ポイントが自分で決定出来る様になって、初めていい家造りの「ゴーサイン」が出る。

①構造は何にするか

②工法は何にするか

③素材は何を使うか

④断熱はどうするか
⑤誰に頼むか
以上を正しく理解し実践すれば問題解決である。

◆二三期生募集中：令和二年二月〜五月迄
毎月第四日曜日午後一時〜五時　全五講座　受講料一〇、〇〇〇円。（税別）

◆いい家塾の定義「いい家とは」どんな家？
いい家とは、長寿命でオンリーワンの「住み心地のいい家」と定義。

住み心地のいい家とは「夏涼しく、冬暖かい自然素材の健康住宅」と定義している。エアコンゼロの家も実現している。

「心地いい」とは、由来は自然界の癒しの効果であり、感受するのは、人体の癒しを感じる眼、鼻、耳、舌、身の五感識。

自然界などでみられる、ゆったりとした流れを、「f分の一のゆらぎ」という。実はこのゆらぎは宇宙や、生命を作り、私たちの脳を活性化させ心を元気付ける存在。寄せては返す波、小川のせせらぎ、風のそよぎ、小鳥のさえずり、木漏れ陽、蛍の光などで、心が癒される。

心臓の鼓動と同じリズムといわれるこのゆらぎが、脳波をα波にしてリラクゼーションにつながる。

〈解決策〉「湿気を制する」こと

「暑さを感じる三要素」＝気温・湿気・気流
「湿気とは何か」＝空気中の水蒸気
「空気を構成しているもの」＝窒素・酸素・二酸化炭素・水蒸気等
「夏涼しく冬暖かい健康住宅」を造るため、夏季の高温多湿、冬季の低温乾燥と折り合いをつける事が出来れば解決する。

いい家塾では「湿気」をコントロールすることで見事に解決した。湿気とは空気中の「水蒸気」。

湿度とは、空気が乾いているか湿っているかを示す度合い。絶対湿度と相対湿度があり、絶対湿度は一㎥中の水蒸気量をグラム単位で表し、相対湿度は、ある気温で現実に含んでいる水蒸気とその温度で水蒸気を含みうる限度（飽和水蒸気量）との割合を百分率で表したもので、日常使う湿度○％がこれ。（詳細は第二章参照）

家造り五つの重要ポイント

1：構造は何か

代表的な木造、鉄骨造、コンクリート造があるが、木造を推奨している。木は、日本の気候風土に適し、人と同じ生物である。
木は湿気を調湿、吸湿できるが鉄やコンクリートは不可能。日本は森林国で豊富にあり価格も安い。
経年劣化が少なく長寿命である。何より、住み心地の良さが際立っている。

2：工法は何か

木造在来軸組工法を推奨。長い歴史が証明。縦軸と横軸の点と線で支える工法。地震に強いし増改築が容易。

3：素材は何を使うか

天然（自然）素材を使用。構造、内外装に無垢の木や漆喰、珪藻土、和紙等自然素材は調湿性に優れている。

4：断熱はどうするか

セルローズファイバーZ工法を採用。調湿性能に優れている。また、外気温を家内に入れない、出さない為、夏涼しく冬暖かい健康住宅が実現。結露を排除、防音、防虫等高い性能が実証済み。

5：誰に頼むか

最後の高いハードル。設計・監理、施工などで、上記四つを実践できれば「いい家」は獲得できる。

いい家づくりは「三権分立」がベスト

家の建築では、建築工程と関与者の存在と役割分担が重要ポイントだ。いい家塾では家づくりの基本システムとして三権分立を実行している。一番大切なのは、住い手である施主が主役であること。その希望条件を最大限活かし、満足を提供するにはどうするかである。

先ず、ファーストステップは本塾の事務局でのインタビューからスタートする。細密なヒアリングシートにお答え頂き、それを基にご家族の様々な希望条件と、それに対する制約条件の確認をする。

建てる土地と予算が、制約条件になりがちである。これらを丁寧に解決策を確認していく。基本方針が決まれば、条件に適合する最適な設計者と施工者のプロジェクトチームを編成する。

それは、施主と設計者と施工者で構成する。これが三権分立のシステムであり、本塾の役割は全てのプロデュースと監修である。

施主（住まい手）・設計者・施工者の関係

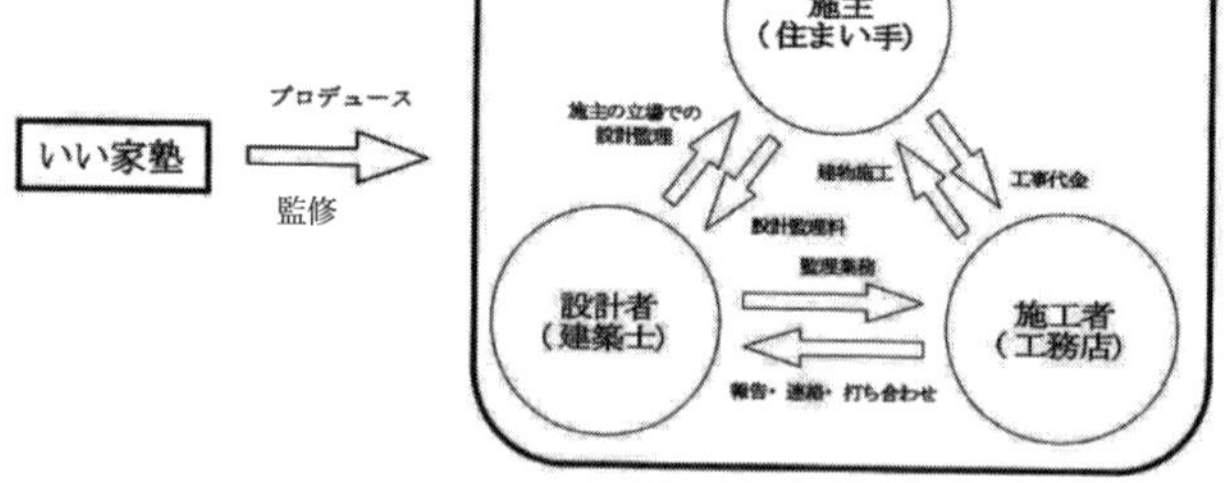

三権分立のシステム

予算を第一義に、設計者は施主の希望条件を図面化する。施主の希望を基本設計から実施設計までを分厚い図書にする。本塾ではこれに概ね半年かける。但し急ぐ場合は打合せの間隔で調整する。私も同席しアドバイス、オンリーワンの「いい家像」を一緒に構築していく。

最適な設計に基づき施工担当の工務店が現場で建ち上げていく。こちらも大きさにもよるが約半年かける。そして、丁寧に約一年計画で建築する。

この時、設計通り施工しているかを、現場でチェックする監理業務も設計者のもう一つの役割である。

住まい手の希望を、設計者と施工者が夫々が緊張感をもって家づくりをする。

費用の代金は施主から、設計者と施工者が夫々直接頂く。本塾ではこのシステムを、三権分立と言い尊重している。

本塾は、最適な設計者と施工者、その他断熱施工者や資材の木材などトータルでプロデュースし、家づくりをトータルで監修している。

家づくりは、多くの優秀な専門家の技術と役割分担と最適な資材の集合体である。ハウスメーカーの業態の様に全て自社で完結すべきではない。なぜだか解っていただけるだろう。塾生の施主から結果満足を頂戴していることで、このシステムがベストであると確信している。

「私の視点」緊急事態：地震・台風・豪雨災害の頻発
～天災と人災は　土地と住まいは不離一体～

日本列島は天変地異の連続に恐れ慄いている。直近では、平成三〇年七月六日から三日間に年間雨量の一割が西日本に降った。この豪雨による被害は一六府県に及び二二三〇余名の尊い命が奪われた。

八月になり四〇度近い猛暑が続く中、多くの熱中症患者が続出した。そして震度六強の北大阪地震が発生した。さらに記録的な数の台風が頻発するなか、九月四日台風二一号が近畿を直撃し関空等に大きな被害を出した。

そして六日に震度七の地震が北海道を襲った。震源は内陸の活断層がずれて起きた可能性が高いと言われる。

震度七を記録した厚真町では広範囲にわたり山の斜面が崩れ落ち、土砂が木々をなぎ倒し家屋を押しつぶした。無残に押し流された家屋を写真で見ると、山裾に住宅を建てる危険性を知らされる。

これは、地震と豪雨による複合災害である。周辺の地盤は数百万年前の砂や泥が固まった堆積岩が基盤。その上に支笏湖を形成した約四万年前の噴火による火山灰や軽石などの火山噴出物が四～五メートル積り、さらに土壌が載った三層で地滑りが起こしやすい構造だという。

さて、震度七が観測されたのは阪神大震災以降七回目。熊本地震は二度も起きた。永年筆者は、家を買って後悔する人が絶えない事から「賢明な消費者の輩出」を目的に講座の開催や書籍の出版やシンポジウム等様々な啓蒙活動を実践してきた。著書、後悔しない家づくりの教科書Ⅱ「いい家塾の家づくり」（ＪＤＣ出版刊）の原稿を全て書き終えた時に、この事件が発生したのだ。平成二六年八月二〇日広島県北部に記録的な大雨が降り続いた。

大規模な土砂災害が発生し七〇余名の犠牲者を出した。私は原因の究明と対策を急遽加筆した。追加項目は「土地の歴史で地盤を推測する」「土地探しの重要ポイント」「地名で分かる地盤の強弱」などである。

例えば「土地の歴史で地盤を推測する」では、八月二〇日未明広島県北部に記録的な大雨が降り続き「花崗岩」の脆い山は大規模な土砂災害を引き起こし七〇余人の犠牲者を出した。この脆い花崗岩が風化してサラサラとした「真砂土」になり軟弱な表層部を構成していた。此処に集中豪雨が降り一気に岩石や樹木を巻き込み表層雪崩となり麓の住宅を一気に押しつぶした。とりわけ被害の大きかったのが広島市阿佐南区八木地区だった。

この地域はかつて「八《や》木《ぎ》蛇《じゃ》落《らく》地《じ》悪谷《あくだに》」と呼ばれていた。蛇が降る様な水害が多か

「閑話休題」（それはさておき）

宇宙の現象「森羅万象」は全て「原因があって結果」である。この豪雨の原因は地球の温暖化による異常気象とされる。では、この結果も全て天災であったのだろうか？

という疑問がわいた。

「災害は忘れたころにやってくる」この先人の警告を軽んじてきたのではないだろうか。今回の災害に人災の存在は無かったのか？現在、人災の報道や声は聞こえてこないが、大きな犠牲を無にすることに警鐘を鳴らしたい。

ったので悪い谷の名前が付いたと言われてきた。現在は八木地区だけが残っているが、この「八木《やぎ》」だけでも岩石が流されて転がっている場所を示している。古来地名に「ここは危ないぞ」と警告していた。

さて、「天災か人災か」人災とすれば誰か？　該当者は三者である。この危険な山麓に住宅地を開発した業者か、それを認可した行政か、安いからと安直に買った消費者なのか。

私の答えは明確だ。行政や業者を責めていても問題の解決にはならない。何より犠牲になるのは消費者だから「良品と悪品を峻別できる賢明な消費者」になることだ。我が身は我が身で護ることが優先する。賢明な消費者が行政を動かし、住宅産業界を健全な市場に再生させる。これが社会を変える近道だと信じて本塾は活動している。

（大阪日日新聞　平成三〇年七月二八日掲載）

「私の視点」人生百年時代に九〇六〇現象とは？

八〇二〇（ハチマルニーマル）運動は、厚労省や日本歯科医師会が推進してきた「八〇歳で二〇本以上の歯を残そう」運動である。また、八〇五〇問題がある。五〇歳台の引きこもりやニートの子供を、親が面倒を見るという社会現象である。

では、「表題の九〇六〇(キュウマルロクマル)とはなにか?

これは筆者が「いい家塾の家づくり」を通して実感している現象で「新介護エイジ」であり私の造語です。高齢女性の四分の一が九〇歳台の今「九〇歳台の親を六〇歳台の子供が同居して「老々介護」の時代」という現象です。人生の終章を豊かに過ごして頂く為、家庭内介護仕様や終の棲家造りの実体験から、あるべき姿の提言である」。

衣食足りて「住貧」を知る

住まいは生命と財産を守る器である筈なのに、最近の住宅は余りにも問題が山積している。例えば家庭内事故死と交通事故死者数はどちらが多いのでだろうか?

内閣府の「高齢社会白書」(二〇一七年版)によれば、六五歳以上の事故発生場所は「住宅」が七七・一%と突出している。

六五歳以上の交通事故死は二一三八人だったのに対し、家庭内における不慮の事故死は、なんと一万二千一四六人で六倍の差がついた。原因別では、ワースト三は「不慮の溺死及び溺水」五千八六人「不慮の窒息」三千二七四人「転倒・転落」二千三六二人である。まさに、住宅産業界の貧困と問題が露呈した。

家庭内における不慮の死亡者　厚生労働省2016年人口動態統計より

№.	事　　　象	1997年	2013年	2016年
1	風呂場での死者　浴槽内での溺死	2,891	5,166	5,491
2	階段ステップ、スリップ転倒等での死者	2,042	2.645	2,748
3	煙、火及び火災での死者（殆どが石油化学建材による有毒ガス中毒）	1,222	1,131	1,492
4	有害物質による不慮の中毒及び有害物質への曝露	346	402	406
5	その他	3,813	5,248	4,038
	総　　　数	10,314	14,583	14,175
6	＜参　考＞住宅以外死者数　交通事故死	13,981	6,060	5,278

本塾は、家を買って後悔する人が後を絶たないことから、一六年前に「賢明な消費者の輩出」を目的に創立し、講座を開催してきた。受講生の依頼で「いい家づくり」も手伝っている。

最近の傾向は「家庭内介護仕様」＆「終の棲家」の家造りが多くなっている。昨年卒業した第二〇期生のSさんとTさんの「九〇六〇」事例を紹介する。

Sさんは、九〇歳のお母さんと同居するマンションを、家庭内介護をする仕様にリノベーションした。従来の住居は、出入口が二階にあり外階段なので危険であった。その為、車イスで外出もままならず、殆どベッドで過ごされていた。一念発起したSさんは、お母さんが外出できる環境にしたいと相談に来られ、一緒に土地探しから始めた。しかし、時間や環境や予算の関係から、中古マンションを買ってリノベーションすることにした。五月に新居に引っ越されて、住み心地の良さに「別天地です」と母娘さんから喜んで頂いた。

Tさんは、お母さんと別居生活であったが定年を機に、お父さんから相続した土地に九〇歳のお母さんと同居する為の、家庭内介護仕様で親子の終の棲家づくりがスタートした。設計が終わりオンリーワンのいい家で新春を迎えて頂く。Tさんや私の様に「息子介護」の時代でもある。（大阪日日新聞　平成三〇年七月二〇日掲載）

地震・水害・災害に強い本塾の家づくり

昨年一二月から工事が始まった二〇期生のT邸の災害に強い家づくりを紹介する。九〇歳の母親と六〇歳の息子が暮らす「老々介護の家」である。敷地の後背一五〇mに猪名川が流れている。過去に氾濫した歴史がある。

ハザードマップでは、内水氾濫の浸水深は〇・五mなので、安全を見込んで床高を普通より高い一mにした。しかし玄関の階段は危険である。そこで、将来お母さんの車椅子対応の為、一二mのアプローチを造り緩やかな段差にした。

水害対策として、土地を探すなら地域の危険情報を「ハザードマップ」としてネットで閲覧できる。

水害には、内水氾濫・外水氾濫の浸水深が表示されている。本塾ではこれを設計時に「床の高さ」に反映している。

さらに地震に強い家づくりも最重要である。建築基準法では震度六強~七で倒壊しない家を基準値にしている。果たしてこれで安心なのか。

阪神淡路大震災後、震度七の地震は七回も起こっている。そこで、住宅の品質確保の促進などに関する法律(品確法)の性能表示制度によれば、等級三は基準値の一・五倍、等級二は基準値の一・二五倍、等級一は基準値の一・〇倍である。

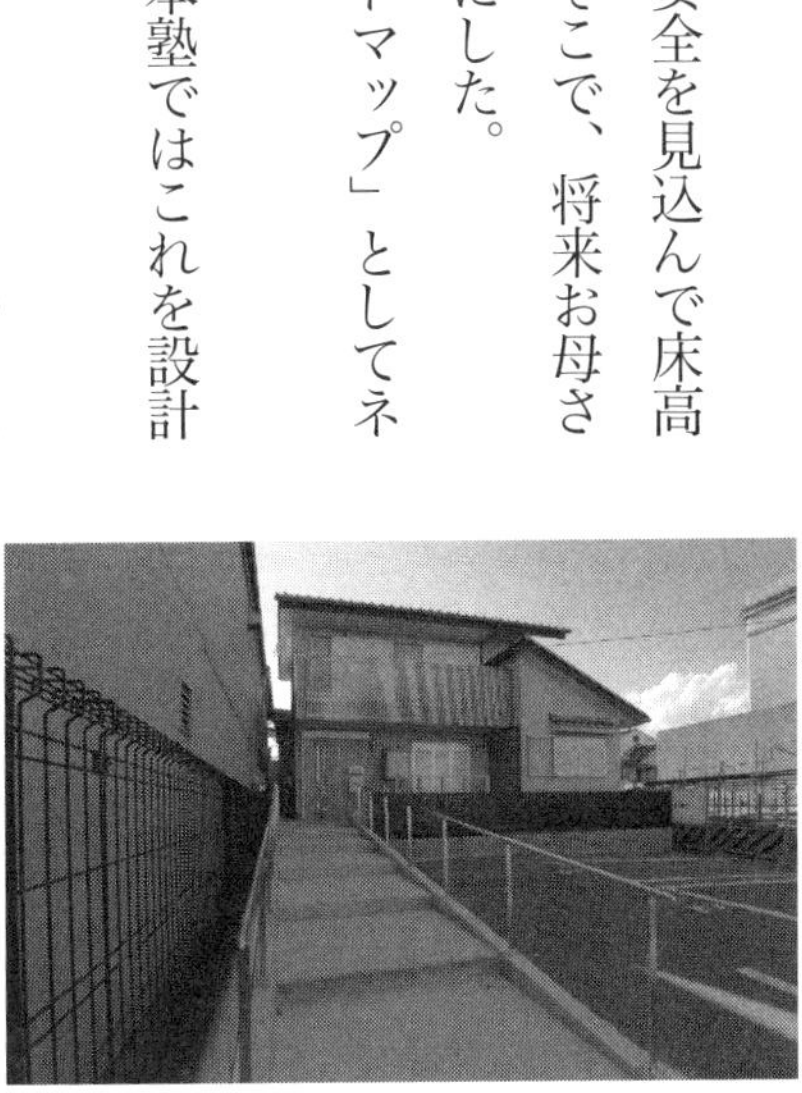

床高一mの為、十二mのアプローチにして車椅子用に低い段差にした。

本塾では構造計算に基づき、等級三を採用。建築基準法の一・五倍の地震に強い家づくりをしている。

故に「家は買うものにあらず、造るもの」と定義している。このことの大事を理解して頂けたと思う。

災害に強い本塾の「いい家」で備えあれば患いなしです。

定義：「家は買う物ではなく造るもの」

関西よつ葉連絡会とは

「食と住」私達人間が生きていくための最重要な基盤だと言えばだれも異論は無い。文字通り、「安心安全」な食を、造り、求め、提供してきた素晴らしい団体を紹介する。

私は「関西よつ葉連絡会」は、食の哲学者集団だと高く評価し、良きパートナーとしてシンポジウム等共同開催してきた。

昭和五一年、当時の「有機農業運動」と「食品公害追放の消費者運動」の高まりの中で、大阪の地に誕生した。現在、約四万世帯の会員を抱え、関西各地域の二十の配送センターから食品や生活用品を宅配している。

仕入・企画を業務とするセンター、物流・仕分けを業務とするセンター、各地域の配送センターで構成。職員は合わせて数百名になる。

この「関西よつ葉連絡会」で働くメンバーが、四万世帯の消費者会員に、安全な食べもの・安心して使える生活用品を供給してくれている。

私が注目したのは自前の農場と、食品加工工場も持っていることだ。全国各地から生産品の供給を受けるだけの単なる団体ではなく、自らも「生産」活動に従事することを目的に掲げ、活動してきた。

「食物」を作る苦労と喜びを体験し、この実体験が農業の問題、水産物も含め食の問題と真正面から取り組んできた歴史だと拝察してきた。

関西よつ葉連絡会は、生産・流通・消費を結びつけ、食べ物をめぐる社会的仕組みを作り変えなければ安全な食べものをお届けできない、とも考えているようだ。

私も大切な食物を、奈良の自宅に毎週月曜日届けてもらっている。よつ葉さんありがとう。

よつ葉憲章

私たちは事業の目標、その指針とすべき考え方を「憲章」として明記しました。

（「澪標」大阪日日新聞コラムから転載）関西よつ葉連絡会　監査役　鈴木　伸明

1．私たちは、食は自然の恵み・人も自然の一部という価値観に重きを置き、自然との関わりを大切にする、安心して暮らせる社会を求め、その実現にむけて行動します。

2．私たちはモノよりも人にこだわります。バラバラにされた生産・流通・消費のつながりをとりもどし、そして人と人のつながりを作り直します。

3．私たちは食生活の見直しを通じて、世界の人々の生活を考え、共に生きる道を目指します。

4．私たちは、目先のとりあえずの解決より、根本的な未来に向けた暮らしの創造をめざします。

5．私たちは、志を同じくする団体や個人との協同を、小異を超えて追求します。

自然観に関する部分は一〇年ほど前に付け加えたものです。人が作り上げた社会の仕組みが、地球的、自然的なそれと対立し、限界に来ているように思える時代状況の中で、きちんと記す必要を感じたからです。

また、私たちは、協同組合的な組織ですので、お互いをつなぐものは、理念しかありません。それぞれの構成単位が事業理念を磨き、日々の事業を積み上げていかないと存在理由を失います。

北から南に細長くつながる列島の自然は、実に多様で豊かで、独特の生態系を育んでいました。

それぞれの土地に根差した人々の暮らしがあり、四季折々の食材を上手に利用する知恵が個性的な食文化を育てていました。そんな人々の暮らしが、「奇跡の高度成長」と呼ばれる時期を経て、一変しました。

工業的な社会の進展は人々の暮らしを、食の生産と消費の形も、大きく変えました。多くの人が農漁村を離れ、都市部に移動し、自然、土地とともにあった暮らしを捨て、賃金労働者になりました。「全面的」な貨幣経済への移行です。食の生産も工業生産と同じ思想が入り込み、それが体制となり、「食の安全」などの問題を発生させました。また、工業優先の政策は食の生産環境に大きな影響を及ぼし、修復不能なレベルにまで、自然破壊、生態系の破壊を押し進めました。

私たちの仕事はその社会変化の意味を食の分野から問う事です。

また、人は自然界の様々な生き物の一部です。様々な生き物のいのちの連鎖があって、人も生きられます。そのことを無視して食を考えることなどできません。食の資源も無限ではない、と意識される時代になっています。毎年、絶滅危惧種としてレッドブックに記載される種は増えるばかりです。

一世紀にも満たない時代変化に食の分野からは悲鳴ばかりが聞こえてきます。同じような思いを抱く、生産者、都市生活者の人々とつながり、連携しながら、食の仕事を続けています。世界的な規模で資本主義的な仕組みが行き詰まりを見せる今、持続的、循環的な前の時代の暮らし方に学ぶべき事柄は多い。これからの食、社会のありかたについて共に考える、単なる流通事業を超えた仕事づくりに努力していきたいものです。

了

「いい家塾の講座」を受講して　「よつ葉通信」から転載

京都市東山区　渡辺昭雄・典子

皆さんは「いい家塾」をご存知ですか。「いい家塾」は平成一五年に家を買って後悔する人が余りにも多いことから「賢明な消費者を排出」が目的で設立された団体です。私達が「いい家塾」とのご縁を頂いたのは、「よつ葉通信」でした。私達夫婦は五六才、夏は蒸し暑く冬は底冷えのする京都市内で、築不詳の古家に住んでいます。子供達の成人を期に、家を建て替えるかリノベーションするかを考えておりました。

ハウスメーカーの展示場やオープンハウス等を随分見学しましたが、何かしっくりこないのです。

原因は、家を建てるにあたり具体的に何が問題になるのか。資金面やどの建築会社に依頼するのか。

どんな工法が良いのか。

二世帯住宅にするのか、間取りはどうするか。使用される建材の種類や施行方法にも知識も情報も持っていない事に気づき不安が大きくなっていたのです。

解決方法を思案している時に、「よつ葉通信」に「いい家塾」一九期受講生の募集を見たのです。

早速夫婦で受講し、家造りについて多くの事を学びまさに目から鱗でした。

以前の私達なら住宅展示会場やパンフレットを見て、家の外観やデザインに惑わされ、熱心な営業マンにお任せしていたと思います。受講後は、かなり「家」に対して考え方が変化しました。それは、家は買うものではなく、造るものだということです。自らが、「家造り」について学ぶことの大切さを痛感しました。

講師の先生方は一級建築士、大工棟梁や優秀な職人さん。その他各専門分野の先生から学びました。講座では、大手住宅メーカーの戦略や建て売り住宅の耐用年数、土地購入時の注意点、畳の藺草の種類からシロアリの生態、温度変化による体の負担を軽くする「調湿」の方法、通気性のないビニールクロス等、石油化学製品のシックハウスの怖さなど多岐にわたる内容でした。ローンや資金計画も学びました。

特に感動したのは、セルローズファイバーZ工法による断熱効果と調湿性能、遮音性能には驚きました。三〇℃を越える真夏日の午後「いい家塾」で施行した卒業生の自宅を見学した時、扇風機一台で充分でした。風の道を作りエアコンゼロの家も在るのです。

高額な家を買っても夏は暑く冬は寒い。更に結露によるカビに悩みも多く聞きます。家造りは「夏の暑さを旨とすべし」を基本に「夏を制すれば冬も制する」が釜中塾長のモットーです。

そして合言葉は「家、笑う」です。

「こんな筈ではなかった」と後悔しない為にも家造りについて学んでみませんか。「講座は毎月一回五時間一〇講座あります。五月から始まる二一期に受講をお勧めします。

長寿命でオンリーワンの住み心地のいい家、健康で安心して暮らせる家造りの情報が盛り沢山です。受講費も一人一万円と良心的です。受講したからといって、家を建てる義務はありませんので安心です。私達夫婦も今、いい家を造るためワクワクしながら資金作りに励んでおります。平成三〇年一月五日　了

渡辺家の慶事

平成三〇年秋、渡辺ご夫妻が「愈々建てます」と笑顔で事務局に相談に来られた。今お住まいの処には、住まいと事務所と倉庫が建っている。それを解体して建替える計画だ。

当初、娘さん家族との二世帯住宅で設計が始まった。基本設計が進む中、敷地が広いこともあり、道路に面して並んで二戸建てになった。

平成三一年二月、高知県梼原町森林組合で四家族の伐採祈願祭を二二名が参加して開催した。

渡辺さんもご家族八名が参加された。

二つの家の棟木になる、杉の大木に家族が斧入れした。伐倒した時、皆さんから感動の大きな拍手が起こった。きっと忘れられない思い出になった事だろう。

年号が改まった令和元年六月、地鎮祭を執行し、愈々工事が始まった。九月一七

棟木に棟札を記した

日渡辺邸と堀内邸の上棟式が晴天の中行われた。私は恒例の棟木に棟札を記した。

来年春には歓びの竣工引渡式を予定している。渡辺ご夫妻の歓びの笑顔が今から目に浮かぶ。お子様の家族と棟を並べて「集って暮らす喜び」を迎える。

そこで一句。

川　柳「三世代　集って相愛（あいあい）　家笑う」　遊　楽

感想文一「いい家塾　一七期の受講を終えて」

一七期生　杉澤　栄

一年前の今頃、私は主人とともに週末毎にモデルハウス巡りをしておりました。私の父が急死し、母が広い家に一人で暮らし始めたのが心配で同居を考えました。

我家は狭くて母を引き取ることができず、かといって実家では三世代が暮らせません。実家の敷地内に家を建てて、母が今の家で暮らせなくなったら隣の我家に一緒に住む計画で、人生初の家造りをスタートさせることになりました。

しかし、家を建てるとは？　誰に建ててもらえばいいのか？　いきなり大きな壁にぶち当たりました。

家を建てるには夏を旨とすべしという徒然草の一節に以前より共感しており、それは断熱を極めることと知りました。さらに調べることでセルローズファイバーに出会い、家塾に繋がりました。

初回から夫婦二人で受講しました。まさに今知りたいことをその道のプロが本音で教えてくださるのでどの講義も聞き逃せず、毎月第四日曜日が楽しみで、気付けば夫婦で一〇回皆勤参加しました。

お蔭様で、ど素人がちょっとは家についてお話できる素人になれたと思います。定期講義以外に古民家見学や庭園見学などの屋外活動にも参加させていただきました。

なかでも我家の大黒柱となる杉の木の伐採祈願祭を体験できたことは、生涯忘れられない思い出となりました。

主人の祖母の生地であり、隣市に私の父の生家がある梼原で育った木で家を建てられる幸せに感謝し、伐採された木が愛おしくてその場から離れ難かったことが昨日のことのようです。

一七期同期の方々もそれぞれに家への思いを持って参加されており、そのお考えや経験をお聞きできたこともたいへん勉強になりました。

建物としての『家』だけでなく、家族のあり方としての『家』についても考えるようになりました。

児童虐待や老人の孤独死などの社会問題は、家族の単位が小さくなり、世代間の緊密な繋がりがなくなってきたことが原因なのではないでしょうか。

大勢で暮らす不自由さを嫌うばかりに、我慢するトレーニングができなくなりました。我儘が引き起こす事件や事故を減らすには、三世代、四世代同居を復活させることだと思います。

まさに、いい家塾の基本理念「人は家を造り、すまいは人を創る」が、心に響きました。

家塾を介してたくさんのご縁をいただき、一一月に地鎮祭を執り行うことができ本当に感謝しております。ありがとうございました。

最後に、今後補講を企画されるなら参加したいのでどうぞお声掛けください。楽しみにしております。

了

感想文二「幸せな一年」家づくりで明確な希望が実現

一七期生　杉澤　栄

平成二八年一月、新居に引越して早や一年になろうとしています．我家の三人の子供達は、長男が医大六回生で国家試験、次男は浪人生で医学部受験、長女は高三現役の大学受験でしたので、冬から春にかけてドタバタでした。

　仕事を休むことなく乗り切れたのが不思議なくらいです。不安一杯でしたが三人とも無事合格したことで疲れも吹き飛びました。リビングの吹き抜けの大窓から亡くなった父が丹精込めた庭に可愛い花を一杯咲かせた梅の木を見た時、おめでとうと父が祝ってくれていると感じ、父に護ってもらって春が来たと思いました。

　さて、この家で冬から春夏秋と四季が一つ巡りました。こんなに快適に冬と夏を過ごせたのは人生初めてでした。まず冬です。床暖房をフローリングのリビングとダイニング、タイルのキッチン、洗面室、脱衣室、トイレに取り入れました。これらを入れるだけで暖かく、エアコンは朝一番少し使用するだけなので乾燥しすぎることなく、家族皆風邪を引かずに冬を過ごせました。暖かいタイルもお風呂上りや歯磨きの時ほっこりしました。もちろん結露ゼロです。

　そして夏。さすがにエアコンは必需でしたが、吹き抜けのあるキッチン、ダイニングからリビングまでの大空間を一台のエアコンで十分涼しかったです。室温が下がった後はエアコンを切って過ごすこともありました。

　軒を深く出していただいたので部屋に直射日光も多くは入らず、窓を開ければ家中を風が巡ります。タイル張りのキッチン、洗面室などは足元がひんやりと気持ち

杉澤邸

よく、心置きなく水拭きができます。

電気代は太陽光発電とエネファームのダブル発電により以前の家の実質四分の一程度でした。セルローズファイバーの断熱性、調湿性は想像以上でした。その上遮音性もすばらしく、強い雨でないと雨にも気付きません。へたなピアノを弾いても安心です。家の中の音はよく聞こえますが、大きな音でない限りは程良い距離感で存在確認しながら暮らせます。

次に間取りについては、

1．「収納」：シューズクローゼット、パントリー、ウォークインクローゼットという名のタンス部屋、居間収納と使用するものを近くにまとめて収納することで、すっきり暮らせる快適さを実感しました。

2．「回れる」：玄関回り、水回り、リビング回りと子供がクルクル走り回れる構造は開放感と利便性抜群です。特に水回りの動線には大満足です。

自慢したいことはまだまだあって書ききれません。

家塾の皆様とのご縁、わがままとこだわりを一つひとつ真剣に聞いてくださった設計の木津田さん、監督の元井さん、理想の家を現実にしてくださった山本工務店の皆様、全ての方々に感謝申し上げます。私はこの素敵な家に住んで幸せを感じるとともに、何代に渡って住み繋いでもらうための責任も感じています。

コンセプトは多世代で暮らす家なので、家族一人ひとりが思いやりと少しの辛抱をもって楽しく幸せに暮らす事を目指します。

釜中塾長の基本理念「人は家を造り、住まいは人を創る」に賛同し、教養を身に着け教育も必要と考えています。まだまだお世話になります。末長くよろしくお願い申し上げます。

了

東京オリンピックと隈研吾氏と関連した歓び

平和と言えば、平和の祭典東京オリンピックが一年後に迫ってきた。

令和元年十一月の完成を目指し、新国立競技場は順調に工事が進捗している。大事な設計者が隈研吾氏に変更された時、私は小躍りして喜んだ。コンセプトは「日本建築の美学を世界にアピールしたい。特徴は木のぬくもり」と掲げられたではないか。なんと設計のモチーフにしたのは「法隆寺の五重の塔」だという。スタジアムの外周には軒庇が複数重なっている。五重の塔も、見上げた時に一番目に入る軒のそばに細工が施されていて、庇の下にあるから雨から護っている。だから七世紀に建立した法隆寺は一四〇〇年以上長持ちしている。

世界の建築ブームは「エコ」だという。自然の力を借りて、環境に優しさを求める時代が来るという。隈氏は日本家屋の木のぬくもりや、昔ながらの建築技法が新しいものに生まれ変わるかも知れないという。

新国立競技場は、時間が経過するほどに木材の良さが滲み出てくるように造られているようだ。隈氏の建築は何より「温故知新」を感じる。私は高知県梼原町で隈建築を何十回も見てきた。

そこに一歩足を踏み入れると、何とも言えない安心と温もりを感じるのだ。母の胎内に還ったような、安らぎさえ覚える。全ての素材が木であり萱であり、紙であり、土など全て人と同じ地球上の生き物である。温もりと新しい日本の心が込められているからだ。

隈研吾氏と梼原町の繋がり

隈研吾氏は、高知建築探偵団との出会いが、ご縁のはじまりだそうだ。梼原のかやぶきの民家、旧役場、梼原公民館（木造芝居小屋）等文化歴史的価値の木造建築物に出会ったのだ。その木造建築物に魅了され、梼原公民館（木造芝居小屋）の保存運動に関わり、梼原町役場関係者との交流から関係が深まったという。

平成六年度に隈氏にとって記念すべき、木造建築第一号となった雲の上のホテルを建築した。

平成七年度に梼原公民館移築。平成一八年度に梼原町庁舎。平成二二年度は雲の上ギャラリーと、まちの駅ゆすはら、と続いた。

さらに平成三〇年度には、雲の上の図書館、ＹＵＲＵＲＩゆすはら（複合福祉施設）と隈研吾氏の設計建築物が合計六棟になった。

隈研吾氏は、新国立競技場に全国四七都道府県の環境に配慮し、管理された森林認証材を使用し建築した。梼原町森林組合は、競技場の高知県エリアの、外周部軒庇に使用したスギ材を供給し、隈研吾氏から感謝状を頂いたという。

高知県高岡郡梼原町森林組合は「いい家塾」の協賛企業です

高知県梼原町森林組合　参事　西村寿勝

いい家塾さんは、平成一五年九月に設立されました。平成一七年から、ＦＳＣ顔の見える家づくり産地見学ツアーで本年迄都合、二七五名が来町して頂いております。目的は、ＦＳＣの管理された森林見学であり、伐採祈願であり、工場見学です。また、檮原の木材を使用して三六棟建築して頂き、内平成二〇年からは自ら伐採した木材を使用して建築をする伐採祈願祭を行って三〇棟建築を行って頂いております。

いい家塾と檮原の絆は、塾長の理念の中の一つ、健康を重視した家造り、環境に配慮した家造りで、檮原が、環境に配慮した木材（ＦＳＣ材）で、山の伐採から製材、乾燥、加工、木材流通まで一貫して行っていたことです。檮原の農家民宿さん達も、おもてなしの心で接して頂いたことも喜んで頂けたと思います。

また、関係が深まったのは、私達スタッフと塾生の施主様が夫々を見学、体験出来たからでしょう。貴重な体験は、いい家塾が開催している講座に講師として参加したことです。後悔しない家造りのために、いい家塾の講座で木材について話が出来ることは有り難く思っております。

いい家塾様と一五年間おつきあいさせて頂き、釜中塾長の家を建築する事に対する熱い思いに感動致します。

また一棟ごとの棟上げには、塾長が棟木に施主様と建築に携わった方々の名前を棟札に書きます。檮原森林組合も木材提供者として書いて頂いています。塾長の施主様に対する想いと、関与者の責任を書いていると塾長から聞いたが、感謝の気持ちと、後世に伝える建築に関与したことに自信と誇りを感じます。これからも梼原の木で「いい家」が多く建てられることを祈念致します。宜しくお願いします。有難うございました。

了

伐採祈願祭でのご挨拶

何故、梼原町森林組合さんを協賛企業になって頂いたか。

梼原町森林組合は先進の林業経営をされている、これが重要ポイントである。そして「伐採祈願祭」で、家族が我が家の大黒柱か棟木になる木に、斧入れし山の神様に感謝する儀式。家族の健康と家の繁栄を祈念する。大きな思い出になる。この神事は私の希望、お願いから始まった。

ＦＳＣ国際森林管理協議会が日本で森林組合として最初に認定したのも梼原町森林組合であった。持続可能な森林資源の生産と、木材の付加価値を高める取り組みを推進している事がその証である。さらにアベノミクスで、政府が推奨する産業の六次化を以前から実践されている。流石である。

六次産業とは何か
一次産業
農林漁業の第1次産業が自らで原材料を生産する。
梼原町森林組合の場合は、森林管理、経営、環境、造林、育林、伐採、植林など実践。
二次産業
製材、加工、乾燥を行い付加価値を付ける作業を実行。
三次産業
自らの生産物を、自らで加工し、自らで販売する。
一棟分を加工し揃えて販売。現地まで配送。全てを自社で完結する事が産業の六次化である。
私がなぜ梼原町森林組合に協賛企業になって頂いたか？　なぜパートナーに選んだか、これでお解りいただけたと思う。いい家塾は、「後悔しない家づくりネットワーク」を標榜している。
家づくりには多くの優れた、人材や技術や商品やサービスが不可欠で、それらの最適な人や物の集まり、その集合体が「いい家塾」なのである。
これが、私の大きな自慢であり、最高傑作。以上が、今日の私の自慢話である。

成果事例　卒塾生のいい家が出来ました

その一：これぞ終の棲家　「高断熱で真冬でも暖房いらずの家」

夫婦で住む「終のすみか」は、暖かな平屋建て　**大阪府・九期生　三浦邸**

三浦さんご夫妻の家の完成見学会は、平成二一年の暮れの雪がちらつく日であった。見学に訪れた皆さんが一様に驚かれたのは、部屋の暖かさ。外は底冷えのする真冬の寒さ、まだ家具もカーテンもなにもないがらんどうの家はさぞかし寒いだろうと思いきや、家の中がほんのりと暖かかったからである。リビングの隅に小さな石油ヒーターがひとつ。それもいらないほど家中どこに移動しても寒さを感じない。その日の朝、室温を測ったとき、暖房なしでも一四度あった。

第二の人生を迎えた、三浦さんご夫妻。二人だけで穏やかに過ごせる家をと、つくられた住まいは、木材をふんだんに使った、四季を通じて過ごしやすいぜいたくな平屋の家となった。

残りの人生を健やかに過ごすための空間

「家を建て替えたい」と、三浦さんから依頼されたのは、この日の完成見学会からちょうど一年前であった。三浦さんの奥様が、「いい家塾」の活動を新聞で見たことがきっかけで、「せっかく家をつくるのだから、しっかりと勉強してからにしたい」とご主人の定年退職を機に入塾され、すべての講義を受け終ってから、いい家塾のプロデュースによる建て替えを決断された。

そのころ三浦さん夫婦が住んでいたのは、古い木造住宅で、一番古い母屋で築八〇年以上。家族が増えたり不便が出るたびに、継ぎ足し継ぎ足しで増築やリフォームを繰り返してきた。そのため、部屋の並びやつながり方がバラバラで、奥様は「掃除や洗濯のたびに、移動が大変だった」という。

また、冬場は家の中が震えるように寒く、夏は灼熱地獄のように暑く、季節の寒暖を乗り切るのがひと苦労だった。加えて通気が悪かったため、湿気がこもって常にカビに悩まされていたという。

そんな生活に耐えながら、お子さんを立派に育てあげて独立させ、夫婦二人だけの暮らしに戻ったとき、三浦さんは「広くなくてもいいから、住み心地の良いシンプルな家に建て替えたい」と思ったそうだ。見た目が立派な豪邸ではなく、老いたあとも快適に暮らせるコンパクトな家だ。

すべての部屋がリビングを囲む廊下のない家

夫婦が住みたい「いい家」とは、次のようなものでした。

・小さくても暮らしやすい平屋のシンプルでモダンな家
・石油化学素材を使わない自然素材でできた家
・周囲の恵まれた自然を採り入れた家

まず「小さくても暮らしやすいシンプルでモダンな家」を実現するため、建坪は思い切って以前の家の六割程度の二七坪にした。建坪が小さい場合、床面積を増やすために二階建てにするのが一般的だが、三浦さんの場合は違った。夫婦二人の生活であるのと、歳をとったときに二階への上がり下りがたいへんになりそうだと考えて、平屋を選択したのだ。

ですが、心地よく暮らすためには、小さくても使い勝手のいい住まいにしなければならない。そのために、間取りは「リビングを中心とした、廊下のない設計」にした。

三浦邸の間取り図をご覧いただきたい。廊下が一本もないことがおわかりいただけるかと思う。

天井の高い開放感のあるリビングから、キッチン、洗面所、浴室、寝室、和室、三浦さんのアトリエ（仕事部屋）のどこへでも、出入り口ひとつまたぐだけ。移動

三浦邸図面

のしやすさだけではなく、部屋と廊下の温度差による「ヒートショック」も最小限に抑えられる。部屋は暖まっているのに廊下はひんやり、という住まいがよくあるが、全室がつながっていれば、そうしたこともない。また、廊下を取り付けるコストを削減できるのも大きな利点である。

ただし、こういう間取りにすると、真中のリビングが出入口だらけの落ち着かない空間になる恐れがある。そこで、三浦邸では建具に和紙を貼って、壁と一体に見えるようにするなど、デザインや材質を工夫して、落ち着きの感じる空間にした。

また、平屋の場合、収納をどこに設けるかもひとつの課題となる。三浦邸では、「平屋は屋根裏が広くなる」という特徴を活かして、天井裏収納を設けた。さらに、玄関には、家の中に持って入りづらい大きな荷物を置いておけるシューズクロークを設置した。リビングから一段高いところにある和室の床下には、引き出しタイプの床下収納をつくり、日常的に使うものをしまえるようにしている。

自然素材をたっぷり使い、自然の恵みを採り入れる

次に「石油化学素材を使わない自然素材でできた家」。これは奥様が化学物質臭に敏感ということもあり、ぜひかなえたいことだった。ホルムアルデヒドなどの発散を避けるため、リビングの壁には薩摩中霧島という火山灰ベースの塗り壁、寝室

には布クロスを使用、洗面所やトイレの床には、コルクなどの自然素材を使った。

そして、三番目の「周囲の恵まれた自然を採り入れた家」。これは具体的にいうと「ながめ」「風通し」「日当り」を考えた住まい、ということになる。

キッチンの窓は、奥様のたっての希望で、小柄な奥様の目線で外が広々と見えるようにやや低い位置に設けた窓からのながめは絶景で、紅葉の庭木や田んぼが見え、四季の移り変わりを感じることができる。以前は西日に悩まされた台所から、東向きのキッチンで朝日を見ながら料理をすることが夢であったそうだ。まさしく、奥様のためにつくられたオンリーワンのキッチン。

また、風通しの良さを実現するため、すべての出入り口をドアではなく、引き戸にした。これなら開けっ放しにしておけるので、夏は風を十分に通すことができる。反面、冬になれば、引き戸を閉めて部屋を区切って使うことができる。

リビングの南面には大きな開口をとり、太陽光をたっぷり採り入れられるようにした。減築した分、敷地にゆとりができ、ひさしを大きく突き出すことができたので、冬の低い日差しを採り入れながら、夏の強い日差しは遮ることができた。一方、建物の西側には小さな掃き出し窓だけにして、西日が入らないようにした。リビングの西側にある玄関部分を出っ張った設計にしたのも、単なる間取りの問題ではなく、出っ張った玄関部分でリビングに西日が入るのを遮る意味があってのことだ。

頑丈で安全な家をつくるために

間取りや素材選びも大切だが、同じくらい重要なのが地盤の強度と構造である。

三浦邸は、新しく土地を買い求めたのではなく、もともと自宅のあった土地に建て替えをしている。そのため三浦さん夫妻は最初、「これまでも家が建っていたのだから、地盤の強度には問題はないだろう」と思っていた。敷地の横を小川が流れているのと、元は田畑であったこともあり少し軟弱な地盤であることが、地質調査の結果判明した。

「お金のかけどころ」があるとすれば、こういったところなのだ。三浦邸の地盤には、補強のために六〇㎝のコンクリート柱を四〇本も入れている。その上で、地震に強いベタ基礎を採用している。三浦さんは「地盤改良の費用は思った以上にかかった」と笑いますが、頑丈で安全な家をつくるための必要経費として、ここにお金を投入したのは正解である。上物がいくら立派でも、地盤が弱くて家が傾いたのでは、元も子もないからだ。

さらに、平屋でありながら構造計算も行っている。木造の構造計算は、建築基準法で義務づけられているのが三階建てからなので、平屋や二階建てではおこなわないのが普通である。しかし、平屋や二階建てに対して必要ない、なんて決まりはどこにもない。むしろ、平屋であっても、安全性を確保するために行うべきだ。

構造材はすべて、高知県檮原町森林組合の木材を使った。一軒の家を同じ山の木だけでつくるというのは、今ではとてもぜいたくなこと。その檮原町の山には、三浦さん夫妻が自ら出向いて伐採祈願祭をおこなった。大黒柱は桧の七寸角（二一cm角）柱には四寸角（一二cm角）の木材を使用している。一般の住宅が三寸五分角（十・五cm角）を使っていることを考えると、かなりがっしりしている。使っている木材量も、丈夫な構造で家をしっかり支えるため、平屋ながら二階建てと同じくらいを使っている。何よりご自分で斧入れした木は、棟木としてこの家を支え続けていく。

断熱性の高い暖房いらずの家

冒頭、三浦邸はヒーターがいらないほど暖かいといったが、これを実現しているのが断熱材に使用したセルローズファイバー。三浦さんがいい家塾で学んでいたとき、これだけは絶対にはずせないと思ったそうだ。

セルローズファイバーは、壁、屋根、床下にぎっしりと詰めた。湿気を抜けやすくするため、セルローズファイバーの外側には透湿性の高いボードを貼っている。三浦さんからは、セルローズファイバーに虫がわいたりしないのか、と質問が出たこともあるが、防虫防火のためにホウ酸を添加しているため、その心配はない。

床材にスギを使ったことも、足元がほんのりと暖まる理由である。スギは柔らかい木なので、傷ができたり、傷んだりすることを気にするのなら、桧や広葉樹などの硬い木をおすすめする。しかし、柔らかい木は暖かいという長所を持つ。三浦さんは暖かさを重視して、スギを選ばれた。

他の家と同じく、三浦邸にも、法律上義務づけられているので、二四時間機械換気装置を設置している。だが、これをフル活用することはまずないだろうと思う。風通しが良く、天然の湿度コントロール機能を持つ木をふんだんに使い、シックハウスのもとになるホルムアルデヒドなど揮発性有機化合物の出ない自然素材を使う家では、二四時間機械強制換気は必要ない。日本の自然になじんだ、通気性と断熱性に富んだ家で、住む人は深呼吸をしながら暮らしていけるのだ。

三浦さん夫妻は「家づくりは千本ノック」と言われる。つまり、次々と乱打されるボールを拾うように、家づくりに関するさまざまな情報をキャッチし、どんな家をつくりたいかを何度も考えることが大切。三浦さん夫妻は、いい家塾に入塾する前から、住宅関連の本を何冊も読んだり、モデルハウスの展示場に何度も足を運ぶなど、自分たちでよく勉強していた。

講義で「こんな家に住みたい」「いい家とはこんな家です」と確信できてから家造りがスタートですよ、と言ってきた。希望の家を実現するため、三浦さん自身が半年がかりで書き上げた平面図を見せられたときは、正直、驚きと感動でいっぱいになった。（三浦さんは自動車関係の設計士でした）これできっと満足していただく「住み心地のいい、いい家」が完成すると確信した。三浦さんの思いが実に上手に込められていたのだ。いまそれを見返してみると、完成した家は、まさに平面図に描かれたとおりに仕上がっている。

オンリーワンの家をつくるとは、こういうことなのだという、お手本として参考にして頂きたい。

感想文　冬暖かく、夏涼しい「住み心地のいい家」ができました

大阪府　三浦佐江子

素晴らしい新居が建ちました。わが家を訪ねてきた人が玄関を開け「木のいい香りがする～」。家に上がると「暖かいわ～」「陽が入って明るいね～」と驚きます。

何度か改造を重ねた築八〇年余りの我が家を取り壊し、高齢に備え夫婦で住む、小さくて便利な平屋に建替えたのです。以前は冬には靴下にカイロを張るほど冷えたのですが、新居ではカイロ要らず。木造で断熱材にセルロースファイバー（新聞紙をほぐししたもの）を使用したおかげで、冬暖かく夏涼しいのです。

建替えを考え始めた三〇年近く前、子供たちの成長に合わせ、平屋から二階建てに増築。当時、建築業者から住宅は四〇年で建て替えるもの、新築の方が安くつくと言われました。我が家の古くて太い梁や柱を見るにつけ、そんなに簡単に廃材にしていいものか、いつか再利用してくれる建築屋さんに出会えるのではと建替えを踏みとどまったのです。ですが使い勝手が悪く、何より大地震の不安がありました。

「自然素材にこだわり、シックハウスの無い「いい家塾」の講座開催を知り、待ったかいがあったと思いました。その数年後、単身赴任の夫が大阪勤務となり、第九期の講座を受講しました。地盤や構造、建材から建具や健康住宅の素材など、さまざまなことを学び、建てたい家像がより明確になりました。

専門家に全てお任せではなく、自分たちの要望を出して参画し、納得しながら建てたい。夫婦お互いに自分の生き方を大切にできる家に等などです。健康住宅にこだわり、建築家や工務店とネットワークしている「いい家塾」なら安心だと思い相談に行きました。

サポーターの中から設計監理と建築施工の担当者が選任され、プロジェクトチームがスタートです。半年かけ設計が決まり、完成までの半年間は、ほぼ毎週打ち合わせを重ねました。趣味で大工仕事をする夫は、講座で学んだことでもあり現場に張り付き大工さんたちの仕事を見つめ、時には変更をお願いしました。学んだことが随所に生かされました。

「いい家塾」の釜中塾長の合言葉は「家笑う」です。言葉通り、工務店の皆さんだけでなく、解体工事を始め基礎工事、ライフラインなどの業者さんたちも真剣に、楽しく和気あいあいと仕事をされていました。我が家には皆さんの笑い声が刻まれているような気がします。

工務店の山本社長も解体する家の古材を大切にと、かまちや飾りの梁などに見事に再生。「いい家塾の監修」で建築のプロたちに支えられ、モダンな和風の家が実現したのです。これほど住み心地が良ければ、外出が少なくなるのではないかと心配になるほどです。

賢明な消費者の輩出を目指し、さらに充実した「いい家塾講座」が開かれています。家を建てる計画がおありなら、後悔しない家造りのために、ぜひ受講されて納得のいく家造りをされることをお勧めします。

川　柳　「家笑う　笑う門には　福来たる」
「関白が　定年料理　腕あげる」　遊　楽

その二：ディープ大阪　二世帯三世代の大きな家に新たな歴史が刻まれました

大阪市　八期生　牧野邸

無添加の家に興味

牧野さんご夫妻は、いい家塾が天王寺区にあるお寺、一心寺の講堂を教室として使っていた頃の第八期生で、その後いろいろと学ばれたある日、いい家塾にご相談に来られた。

「無添加」の家に興味があるがどうなのでしょうか？というご質問。「え？」と言いつつ…理解している限りのお答えをした。

理学部出身の社長さんがいろいろ苦心して自然素材を厳選して使っていること。接着剤にもこだわっていること。デザインはヨーロッパ、バスク地方のイメージの家にほぼ統一されていること。断熱には炭化コルクを使っているが、この部分が最もいい家塾の家との大きな違いで、断熱性能、調湿能力、防音性能において、大きく劣る割にコストがかかる素材であることなどを丁寧にお話しした。時間をかけて検討なさった結果、いい家塾での家づくりを決定していただいた。

商店街の薬局と住まい

「ディープ大阪」と呼べそうな、大阪市内旧街道沿いの商店街で薬学博士の牧野さんはここで代々薬局をなさっている。お母様も七〇歳を過ぎてなお現役の薬剤師。

そしてそのお店の裏手に昭和初期の年代に建てられた住まいがあり、今回の依頼内容はその住まいの建て替え。道路に面しての幅は狭く、奥行きが深い敷地で周りは建て込んでいる。近隣商業地域で準防火地域でもある場所。担当するサポーターのプロジェクトチームは、設計・監理を一級建築士吉田公彦さん、建築施工は山本博工務店に決まった。

二世帯　三世代（＋α）の家

勉強熱心で、長い休日には孫達を連れてアフリカに行くほどのバイタリティのあるお母さんの世帯と、当主である牧野さんご夫婦にはおしゃまな三歳の女の子と一歳になる男の子のかわいい二人のお子さんの四人家族。そして、建築中に「同居人がもう一人、増えることになった。それは近くの高校に通うことになったお孫さんが、母宅のロフトに「下宿」するという。空間はありましたが屋根裏のこと、急遽、現場で皆で考え、工夫して居心地のよい「＋αのすみか」を造ることになった。

家の歴史が詰まった旧宅を解体し、牧野さんにとっての新しい「いい家」とは次のように決定した。

・死ぬまで心地よく住み続けられる家。

・お互いが気兼ねのない二世帯住宅。
・人工的な化学物質を使わない、健康な家。
・自然エネルギーの生きる家。
・世代を超えて住み継いで行ける家。

一体構造、二つの住まい

基本的には親世帯、子世帯それぞれに玄関、洗面、浴室、リビング、LDK、寝室がある完全な独立の二つの家である。しかし、法的にも構造的にもそして親子の気持ち的にも、全く別々の二軒には出来ない。

そこで「二つの家」をつなぐ手段として考えたのが、やはり日本家屋の歴史に学んだ坪庭と和室。

両方の家は直接、廊下ではつながっていないが、真ん中にある和室にはどちらからも行ける。

つまり、和室を通れば、わざわざ玄関を出入りしなくても、家同志の行き来は出来る。その和室の前に小さな日本庭園（坪庭）を置いた。間口が狭く、奥行きが深いこの土地の特性を生かして、通り庭、坪庭、奥の庭を配置することで、都心にありながら自然を感じられる空間になった。

外観的には、燻しの平瓦や木の格子を使うことなどで、現代和をイメージにした。小ぶりな平屋の親世帯を道路側に、二階建の子世帯の家を奥に配置することで道路側から見たときに必要以上に大きく見せない、でも奥では広がりもある。仕事場である薬局とも機能的につながっていて、使いやすい心地いい家になったのではないかと考えている。

おじいさんの思いを生かして

牧野さんのおじいさんは、大工職人として建築に携わった人であった。取り壊す前の古いお家を調査した時、複雑に建て増しを続けた家にも関わらず屋根の板金工事がしっかりできていて、雨漏りの痕跡も無かった。

家の中のしつらえも質の高いものだった。床の間の板、違い棚、欄間、書院窓や板戸から昭和を感じさせる照明器具まで、再利用したいと思える魅力的な部材がいろいろある。これらを活かして再利用することは、コストとしては、新しくつくるくらいか、あるいはそれ以上にかかることもある。

かつての住まいの記憶をつないでいくためにも大事にしたいし、今となっては同等のものを作れる職人が激減している。

本塾では、価値のある物を後世に残すことと、ご先祖からの家の歴史を繋いでゆ

思い出の旧家の丸太を親宅の居室を支える丸太梁として再利用。

くことがとても大切なことだと考えている。全部使うことはかなわなかったが、二本の丸太梁をはじめ、新しい家のあちこちに効果的に利用することが出来た。これには、施工担当の山本博工務店が、長年取り組んできた多くの町家改修の経験と技術を発揮した。

槇《マキ》の大樹

そして最も大きなおじいさんからの「贈り物」。それはかつて、中庭に植えられていた槇の大樹。丹念に大切に育てて下さったおかげで、とっても木肌の美しい、唯一無二の床柱に生まれ変わった。この槇の大木を切り倒す時にも忘れられないドラマが誕生する。大工さんのチェーンソーが枝を切っていたら壊れた。昔おじいさんが使っていた、のこぎりで、無事に切り倒すことができたのである。

ここでもおじいさんの強い想いが助けてくれたのかもしれない。

こういったエピソードを語り継いで、おじいさんから牧野さん、その子たち、孫たちへと、家と住まいの歴史が語り継がれて行けば、そして大切に永く住み続けていただければ素晴らしいことだと思う。

川　柳　「おじいさんの　命をつなぐ　床柱」

感想文　「いい家塾を通じて「いい家」に建替えて」

八期生　牧野明彦

消費者団体の機関紙で、いい家塾を知り受講したのが平成一九年。建替えの計画がのびのびになり本格的に取り組み始めたのが平成二三年の春でした。プランに一年、解体と地盤改良、建築に一年かかり今年の春に引っ越しを終えました。その間、釜中塾長には良きアドバイスを頂き感謝しております。

解体した家は、増改築をしており築一〇〇年位の建物です。大工の祖父が仲間と建てただけあって、まだ構造がシッカリしていました。解体の際に、新築の家に受け継ぐ建具や梁を取り置いて頂きました。その大工さんの祖父が、僕の祖父と大工仲間だったのには驚きました。何か見えない働きがあるのを感じました。祖父が庭で育てた槇《マキ》の木を床柱に利用するために切ったのも、新月の日だったりと祖父や父が喜んでいるんだと、不思議なことを多く感じました。

また、祖父が庭で大事に槇の木を育てていたのは、大きくなったらこの木で風呂桶を作ろうと考えていたからです。しかし祖父が死んでからは枝打ちもしておらず、

親宅と子宅の間にある和室。旧家の欄間やお祖父さんの槇の樹を床柱に活かした。

上部は枝が伸び放題でした。大工さんがこの槙を切るためにチェーンソーを使って枝を払い、根元を切ろうとした時にチェーンソーが壊れて動かなくなりました。

その時に偶然、祖父愛用のノコギリを使って頂こうと思いつきました。若手の大工さんに祖父愛用のノコで見事に伐採してもらいました。

後から工務店の社長にお聞きしたところ、ノコギリは大事な商売道具なので錆や歯こぼれのないように保管するとお聞きしました。しかし、僕の保存が悪く錆と歯こぼれが多くあったにも関わらず、一気に切って頂いて感動しました。

大阪市内の下町で住宅密集地ですから夏の暑さは格別です。昨年までは賃貸マンションでしたので、日中はクーラーが効かないくらいの暑さでしたが、今年は快適に過ごすことができました。設計でも夏重視の構造になっていたからだと思っています。これから冬を迎えるのでどれくらい過ごしやすいか楽しみです。マンション暮らしの時は家族の一人が風邪を引くと順番に全員が風邪をひく事が多かったですが、引越してからは風邪を引かなくなりました。

先日、いい家塾の木の床のお手入れ講習会があり、伐採祈願祭でご一緒した方のお宅にうかがいました。住まわれて一年以上たつとのことでしたが、冬も過ごし易かったとお聞きしました。この講習会はいい家塾のOB対象ということもあり、講習後の茶話会でいい家塾OB会設立の話が話題になりましたが、ぜひ実現して欲しいです。

その三：土地探しから旧宅の売却まで奮闘の結果
エアコンゼロの住み心地のいい家が出来ました

河内長野市　八期生　奥田邸

講座を受講したら「いい家」が欲しくなった

奥田直美さんがご相談に来られたのは平成二〇年八月四日、私の誕生日でしたのでよく覚えている。ご主人と一番年少が高校生の三人のお子さんの五人家族。その時は、築一五年の建売住宅にお住まいで、ここを売却して新しい土地を探して新築したいというご希望だった。ヒヤリングシートを見ると、三人が花粉症でアトピーの方もいる。そんなこんなで、塾で学んだ自然素材をふんだんに使った健康重視の家が理想ですと希望された。

奥田さんの家づくりのご希望は家族の健康と団らん。

このポイントをおさえて次のように進めていった。

・無垢の木と自然素材で健康的な家。

・家族五人が団らんできるリビングを家の中心に。

・できたらエアコン無しの風通しのいい家。
・家庭菜園が出来て車二台の駐車場がとれる広さの敷地。

奥田さんがそれまでお住まいだった家は、建て売りを購入された家だったが、間取りなどには特に不自由を感じていなかったという。ご主人も当初ここに建替えを考えておられた。しかし、地形が悪いのと、ビニールクロスと合板の床の家であった。奥さんは、無農薬野菜の宅配関係のお仕事をされていたこともあり「いつか自然素材の家に住みたい」と願われていたが、新築に関しては家族の関心も低かったという。

それでも、食器棚やテーブルなどを無垢材の良いものでそろえるなどしているうちに、やはり家も自然素材にしなければという思いが強くなっていった。期せずして「いい家塾」を知り、講座を受講したのが大きな転機になったという。

土地の診断

受講から数年後、ご相談を受けて愈々土地探しから始まった。当時お住まいの土地から少し離れた奥様の実家に近い場所で探すことになった。その辺りには、三〇年程前から電鉄会社などの住宅団地開発が進んでおり、その中で、いくつかの土地を見て回るうちに、気に入った土地が見つかった。奥田さんから診断して欲しいと連絡があり現地を検分した。

道路に面していて三方に隣家が建っている。私は講座で、土地と家は不離一体であり、とても重要な要素と言っている。そして、土地だから地面ばかり見ないで、上も見るようにと注意している。

この土地も欠点がいくつかあった。裏の家が高い擁壁の下に建っていたことと、南が前面道路を挟んで小高い森。日照の欲しい冬期に日当たりが悪いので賛成できない。その時、同行していた不動産屋さんが、もう一カ所売り物件があるといい、案内された物件が坪単価も変わらず数段良かったのである。ほぼ正方形で地形も良く西南の角地で二面が道路に面しているし、日当たりも良好。西側に山があり西日を遮り、緑に囲まれ小鳥の鳴き声に癒される良い環境です。面積も七五坪あり予算内で収まるので、合格のサインを出した。

土地が決まったことでプロジェクトチームを編成。設計・監理を一級建築士の木津田秀雄さん、建築施工は山本博工務店です。愈々基本設計がスタート。

敷地の中のどの位置に家を建てるか。小さな土地では、この位置にしか建てることができないという場合もあるが、奥田さんの場合は土地も広く、色々なバリエーションが考えられたが、その中で、建物を真南向きに広く取る案であった。

建物を真南向きにすることは、冬に陽が室内の奥まで届くようになるだけではなく、夏にもメリットがある。

「いい家塾」では、夏の日射遮蔽のためにも庇を付けましょうと言っているが、この庇が一番有効に効くのが、建物を真南に向けて建てた場合である。このようにして建物の配置の基本が決まった。

間取りについては、奥田さん家族の住まい方をヒアリングしながら進めた。ご夫婦、三人のお子さんが殆どの時間、居間に集まって暮らされているという。居間を心地よい空間にしようということで、掘りこたつ形状のテーブルを置くことが決まった。間取りが決まって、実施設計が少し進んだところで、奥さんから重大な変更が出てきたのである。


やっぱり、居間に吹抜が欲しい!


吹抜には床がありませんが、屋根も壁もあり、実は施工に思ったより費用がかかるため、当初は断念されていた。しかし、吹抜は後でつくるわけにはいかない。奥田さんはかなり悩まれたようだが、「後悔する家」をつくるわけにはいかないと決断。木津田さんも理解してくれ、設計のやり直しを行うことになった。

木津田さんは設計の際によく「まだ紙の上の話ですから、この段階での後戻りは大丈夫ですよ」という。実際に家を建ててから、やっぱりああすれば良かった、本

南向きの配置で冬は日射しを取り込み、夏は庇で影をつくる。

当はこんな家が良かったと、業者主導で急がせながら家を建てさせられ残念な思いをしておられる方が多くいらっしゃるようだが、「いい家塾」では適切なスケジュールも考えながら、立ち止まって熟慮する時間も大切だと考えている。

一難去ってまた一難

吹抜が加わった間取りも完成して、実施設計も順調に進みましたが、ここでまた障害がでてきたのである。今住んでいる家を売却して建築費に充てる予定だったが、なかなか家が売れない。減額すれば売れなくはないが、資金的に厳しくなるので、じっと我慢して時期をうかがうことにした。

漸く、半年後希望する価格で売却できることになった。今度は今住んでいる家の引き渡し時期が決まってしまったので、大急ぎで着工しなければならない。

工事の山本博工務店が大車輪で素早く対応してくれた。皆の努力や祈りが通じて無事上棟式を迎えたのである。この日は晴天で、山の緑のまぶしい気持ちの良い日であった。高知県梼原町森林組合の森でご家族が斧入れした棟木が無事上棟された。お父様が、この日をことのほか喜ばれ、ご家族一同喜びを分かち合われたのである。

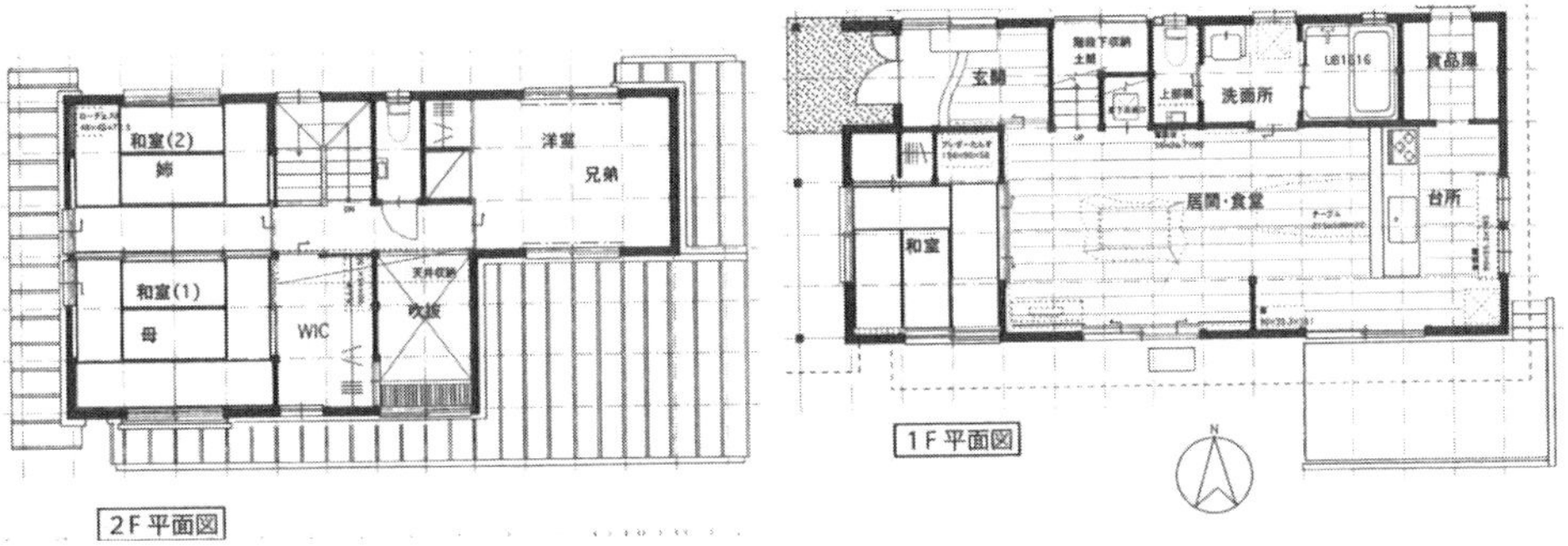

奥田邸図面

自然素材のこだわり

床は無垢のスギ、壁は和紙、布クロス、漆喰を使用した天然素材だけの家だ。最近の家には珍しく続き間の和室がある。外壁は色モルタルの掻き落としとして、外壁通気工法を採用し、室内の湿気を有効に排出する工法となっている。もちろん断熱材はセルローズファイバーZ工法で、しっかり施工をしている。

キッチンについても、できるだけ自然素材のものをということで、天板にアルダー材をつかったオーストリアのキッチンを採用した。

始めは家づくりに乗り気でなかった家族も、だんだんと家ができ上がるにつれて楽しみに現場に来られるようになった。完成時にはお子さんも「お母さんの言っていた通りむっちゃ良い家や!」と大喜びだったそうである。

エアコンゼロが実現

その後、夏の日射遮蔽に緑のカーテンを植えたり、冬の暖房にペレットストーブを設置したり、吹抜と階段の窓に冬対策として断熱スクリーンを設置するなどして、細かな改善を自分たちで工夫しながらお住まいになっている。

そうそう、奥田邸にはエアコンがないのだ。夏は確かに暑いのだが、日射遮蔽をしっかり行うことと南北の風を通すことで、エアコン無しでも過ごせているとのこ

上棟の様子。棟木には関係者の名前を書いた棟札。

とである。これは、建物を真南向きに広くとった成果である。

確かに、吹抜を通して風が家の中を縦方向にも動くことで、エアコン無しが実現できたのだと思う。自然素材で自然のエネルギーの恩恵を受ける奥田さんが希望した「いい家」が完成したのである。

「目出度し芽出度し」

川　柳　「エアコンゼロ　昔恥ずかし　今自慢」　遊　楽

感想文　「後悔しないいい家が、やっと完成しました」

河内長野市　八期生　奥田直美

まずは、釜中塾長の想いが本になっておめでとうございます。これから家造りを始める人には必読の書となりましたね。

私はこの度大阪の片田舎に、「こんな空間だったらずっと暮らしていきたい」と思える念願の家が完成しました。ゼロからスタートした初めての家造りは、いい家塾・胡桃設計・山本博工務店の人たちにいっぱい助けられて、そして私たちも大変な想いを経験して完成しました。

この家で一年を過ごしましたが、まず梅雨と暑い夏を過ごしました。我が家の特徴のひとつはエアコンがないことです。その中で感じたことは、風の通り道がある家、一階と二階の温度差の少ない家、そして今年の夏は毎日三五度を超える猛暑となりましたが、夜はけっこう眠れるくらいの温度になってくれます。そして家の真ん中にある吹き抜けはとても開放感のある空間、息子たちの遊びの空間、お気に入りの空間となっています。

この家を造るのに消極的だった息子は「この家は素足で歩かないともったいない」と言い「ありがとう」と感謝されました。また、断熱材としてセルローズファイバーを使用しているので冬も温かく、リビングにペレットストーブだけで過ごせました。

新しい環境への不安や、住み慣れた地域と別れる不安など、それぞれの不安を抱えての引っ越しとなりましたが、ここで暮らすようになって、いつの間にか不安は消えてなくなりました。先人たちの智恵をヒントに、私たち住み手もより快適な暮らしを模索していきたいです。

これからも「いい家塾」の後悔しない家造りに、私も何かの形で参加させていただきたいです。ほんとうにありがとうございました。

その四：「仏縁に導かれて」いい家づくりのレールに乗りました
～いい家塾の完成見学会がご縁でした～

大阪市　一四期生　林寺邸

川西市ケヤキ坂に一〇期生の若い家族のかわいいお家、山口邸が誕生した。同じマンションでお子さんのママ友の関係で、完成見学会に奥様が参加されたのが始まりであった。その時、林寺さんから「木の香りが素敵ですね」と言われた記憶がある。一四期生として受講の動機が、見学会の好印象であったそうだ。

初めての「庫裏」

庫裏というのは、お寺の敷地の中にあるご住職の住まいのことである。いい家塾では多くの家を手掛けているが、「庫裏」は初めての経験ということになった。

新大阪駅にも近いビルの谷間のお寺「正福寺」さん。商業地域にあってそれほど広くはないが、その境内の一角に今回の依頼者である、副住職の林寺さん一家の住まいを建てるプロジェクト。初めてお伺いした時、境内を拝見し、予定されていた建築場所は不都合ですと申し上げた。そして、敷地の南側を推薦させていただき、そこに決定しスタートした。

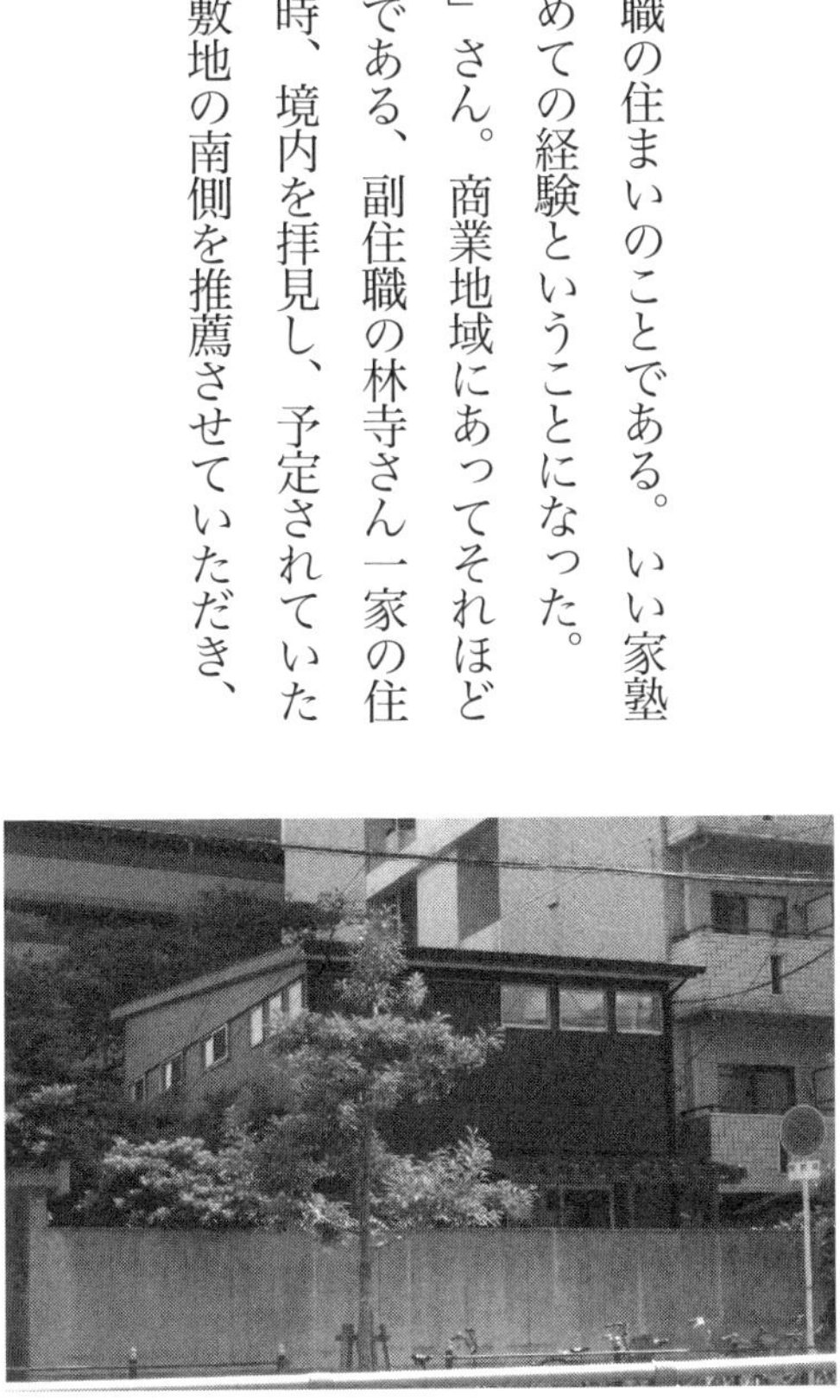

コンクリートジャングルの中に木造の現代建築の庫裡が出現。

あっと驚いた、二代の縁

いい家塾の事務局にご住職の奥様も来て頂き、担当するサポーターを紹介し顔あわせをした。プロジェクトチームは、設計・監理を吉田公彦さん、建築施工は岩鶴工務店さんが担当する。

長い歴史のある正福寺だが、現在の本堂と庫裏は昭和四四年に建てられた鉄筋コンクリート造のどちらも平屋建ての建物。その古い図面をひも解いているときにドラマが生まれた。

四〇数年前の本堂・庫裏の施工会社がなんと「岩鶴工務店」だったのだ。実は全くの偶然だったが、これには全員びっくりした。

これを仏縁と言わずしてなんというのであろう。み仏のお計らいに、ただただ厳粛な気持ちになったのを思い出す。

当の本人の岩鶴さんは、驚きよりも当時工事を担当したお父さんの先代社長が、問題なく仕事をしてくれていたことを祈っていたということだった。こんな、不思議なご縁のもと、次代の住職の家を二代目の匠が手掛けることになったのである。

逆プレゼンテーション?

林寺さんご一家は、やんちゃ盛りの兄弟で、伝世君は小一、智暉君は幼稚園児の二人と私は、本堂でボール遊びやお絵描きやかるたをよくした。

書や絵をされるご主人と、家づくりを裏から支えられる奥様。現代的な若い感性にあふれたご夫妻で、こんな住まいを手に入れたいという要望も明確であった。

平面図や姿図も頂き、ある時の打ち合わせには子どもたちと一緒に作った模型が登場して「逆プレゼンテーション」をしていただいた時には驚いたものだ。ご家族の温かさ、知性を感じ、このイメージを大切にしなければと強く思った。

驚きはなんと、いい家塾の講座の中の「夢を描く」というワークショップで奥様が描かれたプランは、実現した建物の最終的な平面図と驚くほど近いイメージだったことであった。


林寺さんにとって「いい家」とは?

・マンション住まいだったこともあり、結露がなく居心地のいい木の住まい。
・日本の家の伝統的なしつらえ、土間や縁側、格子戸、障子などをとりいれた、和を感じる家。
・庫裏という建物は、多くの檀家の人たちが出入りしたり、子どもたちが集るので、間仕切りなどを工夫することで多様に使える空間を持つ家。
・平面的には狭くても、吹抜や天井を工夫して狭さ、小ささを感じさせない家。

桜の大樹

コンクリートジャングルの中のオアシスのような境内に、木造の小ぶりな現代建築の新しい庫裏。実は都市計画上、商業地域で防火地域でもあるこの敷地に、木の家を建てるにはいくつものハードルがある。例えば柱や梁をそのまま露わしたいと思えば、太め、大きめの断面のものを使って「燃え代」があるように設計する。玄関に大きな木製の格子戸を採用したければ内側に防火戸に認定されたアルミサッシを入れておく。天井は板張りではなく漆喰塗りにする等。

冒頭に書いたが、この建物を建てるべき場所を境内の中で探していたときに、中庭に一五メートル以上もあろうかという桜の大樹がある。南に一〇階建てのマンションが建った後も春には美しく咲き誇るということで、この桜を囲む形になるように新庫裏を配置することになった。

現代和の若々しい庫裏が、この老木と共に多くの門信徒の集いの場として、副住職様のご家族の充実した歴史を刻んで行ってほしいと祈念いたします。頂きました大きな仏縁に門徒の一人と致しまして深く感謝申し上げます。

感想文　「いい家」に住んで「ウチってええなあ」

林寺　堅

昨年の九月下旬、オフィスビルやマンションの建ち並ぶＪＲ新大阪駅から徒歩一〇分ほどの場所に、待ちに待った「いい家」が完成しました。七年間暮らしたマンションから新居に移って一年と少し。その一年弱の間に、妻と二人して何度も口にしたのは、「ウチってええなあ」という感嘆と讃辞の言葉。正確な回数は分からないけれど、相当数口にしたように思います。

たとえばそれは、倒れそうなほど蒸し暑い日に外出先から帰って来ると、家の中はカラッとしている時であり、たとえば、九歳と六歳の息子が、スペースを広く取った土間風の玄関に、ランドセルを放り投げて遊びに行く姿を見た時であり、たとえば、コーヒーを飲もうとお湯を沸かす間にふと、床板を見つめる時なんかであったりするわけです。

そもそも、一四期生としていい家塾の講習を受講したのは妻であり、私自身は、いい家に関する知識らしい知識というものを持ち合わせてはいないのですが、頭で分からなくとも「いい家」は、住めばこうしてその良さを、確実に実感できるんです。

いや、マンション暮らしの時にもあるにはあったんですよ、「ええなあ」と口にすることは。「駅に近いから」「安全だから」「ゴミが出しやすいから」「眺めもいいから」とか。でもこの言い方は、子どもを「お利口だから」褒めてやった、みたいなもんで、住まいそのものへの愛情があまり感じられません。

その点、この家には、塾長、設計士さん、工務店の皆さんらの家づくりへの知識と情熱、そして完成までの物語が隅々にまで詰まっていますから、我が子のすべてを愛する母のように、どこもかしこも愛おしいという気持ちにさせられます。

そんな我が家ですから、ただほれぼれと「ウチってええなあ」と口にするだけで、「セルロースファイバーだからいいんだ」なんてケチな褒め方をする気にはなれません。でも、セルロースファイバーはいいです。使ってあって本当に良かったです。

伐採祈願祭で大黒柱に斧入れ

その五：三世帯四世代が「集って暮らす喜び」
～若い感性を地域に広げる使命～

茨木市　一六期生　椎名邸

思いがけない家づくり

事務局、釜中悠至の友人の椎名さんが一六期生として受講の申し込みがあった。

いずれ家づくりのために勉強しておこうというより「いい家塾」ってどんなことをしているのかちょっと覗いてやれ。実は、これが本音だったと後で聞いた。

しかし、思いがけない展開が待っていた。二月に講座が始まり第三講が終わった五月、奥様と四歳と〇歳のかわいい男の子のご家族が事務局に来られたのだ。

実は、受講を決めてから、奥さんの実家の敷地の一角に家を建てる話しが持ち上がったので、早速家づくりの相談に来られたのだった。

奥さんの実家には、三棟の住宅が建っている。ひとつは祖母の家、そしてご両親の家、もう一棟は空き家になっていた。この空き家を解体して家を建てることをお母さんから提案があった。親子三世帯が四世代に渡って同じ敷地に住むという、なんともハッピーな話が誕生したのである。

マスコットができました

当塾が誕生して幸せなことは、沢山あるが、なんといっても可愛い子供達との出会いである。かるたをしたり手品を見せてくれたりする。ホワイトボードはお絵かきや漢字の練習。

かけあい漫才もする。おしゃまな幼稚園児で池田家の姉妹はファッションショーをしてくれた。素直で明るい子供達の笑顔にいつも気づきと元気をもらう。子供はこの国の宝だと改めて実感する時である。

椎名家には観生（ミオ）君と真生（マオ）君の元気でかわいい兄弟がいる。打合せの時、一歳になったばかりの真生君が私の膝の上に抱っこされる。私に幸せな時間をくれる二人は可愛いマスコットになったのである。

プロジェクトがスタート

担当するのは設計・監理を一級建築士木津田秀雄さん、建築施工は岩鶴工務店さんでチームを組みました。

敷地は、道路から約一m上がっており、さらに敷地内でも五〇㎝程高低差がある。元々建っていた家も、この敷地内の高低差のために、一階に段差がある間取りになっていた。

ヒアリングシートの内容を元にしながら、打ち合わせを進める。奥さんの愛さんは、絵画教室などをマンションのご自宅で開催されており、新しい家ではぜひアトリエを設けたいと言う希望があった。

敷地の高低差をどのように処理するのか、アトリエを道路より奥の北側に設置して、アトリエと住戸部分を階段で結ぶ間取りを第一案として提示。しかし、以前の家で、同じ階の中で階段があるのは何かと不便だったというお母さんの意見もあり、一階の高さは敷地の高い方に合わせようということになった。

また二階に子供部屋と寝室を設計していたが、お父さんから、ご主人の保友さんの部屋も小さくても作っておくべきだとのアドバイスもあり、書斎もつくることになった。

家族のライフスタイル＆プランと間取りのイラストがポイントに

こうやって、基本設計の間取りは二回目の打ち合わせでほぼ決まった。このように非常に短い回数で間取りが決まることも時々ある。特に椎名さんの場合は、アトリエと自宅の空間のバランスや関係について、ご自身で良く整理されていたことである。無理に大きな部屋を取らずに設計を進めることができた点が、早く間取りを決めることができた要因である。

なにより事前に、家族のライフスタイル＆プランと、こんな間取りが欲しいという、イラスト入りの希望シートが作業をスムーズに進展させた。愛さんの感性が存分に発揮されたことも忘れてはいけない。

設計が進む中で、他の塾生のご家族と一緒に、高知県梼原町に行って、伐採祈願祭に参加して頂いた。伐採祈願祭の際

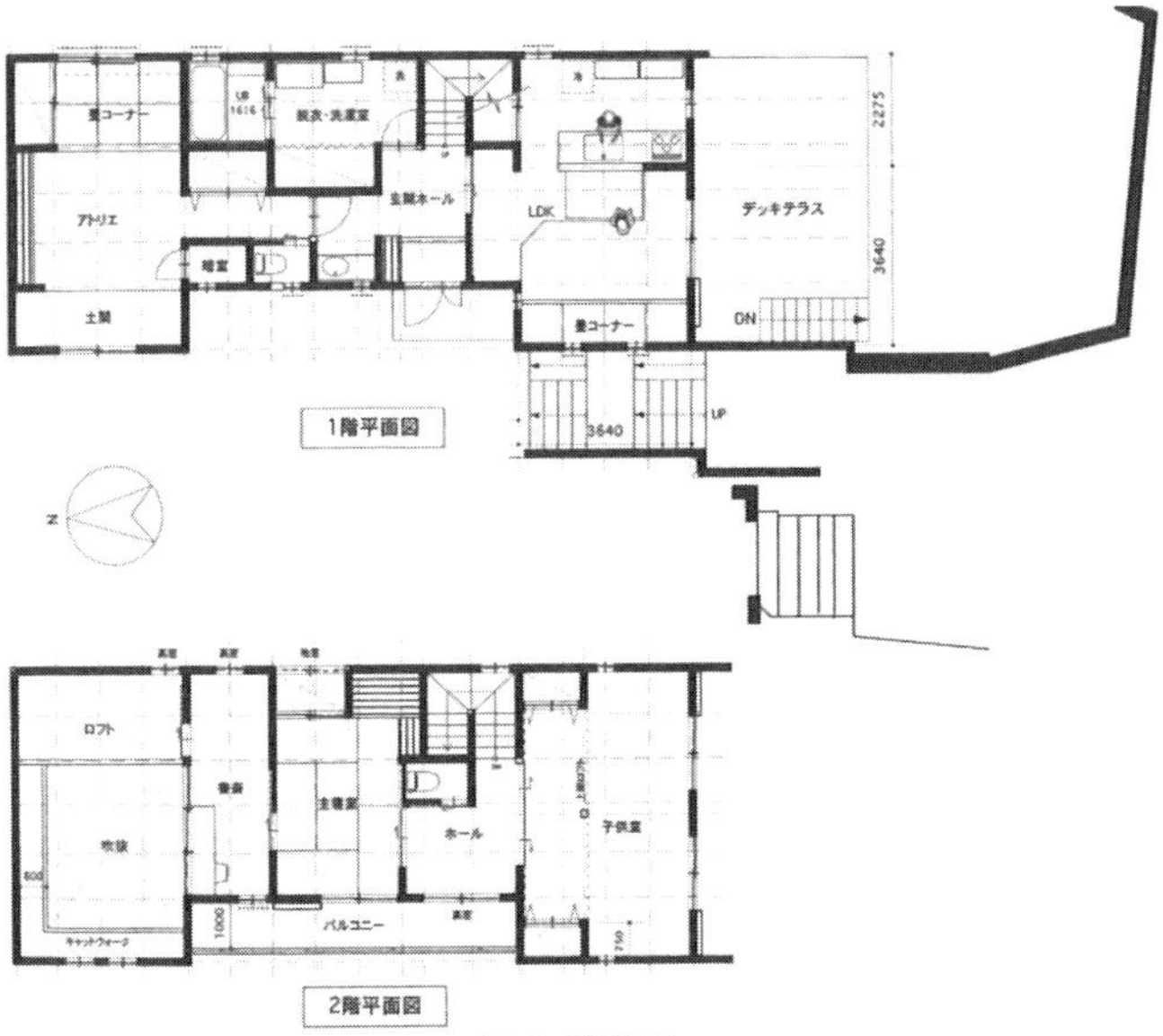

椎名邸図面

に家族で伐採した樹木を棟木や子供部屋の梁などに使っている。園児の観生《ミオ》君にもこの日のことは生涯忘れられない貴重な思い出になったと思う。また道中のバスの中で、大神光汰君と漫才をしたり、即興で唄を歌ってくれたり素晴らしい感性を披露してくれた。

さて施工だが、担当工務店のきめ細かな対応で建物を仕上げた。また塀や外構などについても、お母さんや祖母の意見を聞きながら、調整していった。

室内は、アトリエ部分や二階の床はスギ板で、一階には床暖房を設置したこともあり、カバ材を使用している。壁には、布クロスの他、ドイツ製のペンキ下地の紙クロス等も使用している。紙クロスは、本来ペンキで塗装をして完成するものだが、安価であることと、まだお子さんが小さくアトリエなどで絵の具などを使うと汚してしまうことが想定されるので採用した。

敷地の形状から建物が南北に長くなってしまったのだが、南側にできるだけ開口を設けるとともに、外観のアクセントとして袖壁を設置したことで、西日対策にもなっている。

断熱材にはセルローズファイバーZ工法を採用している。椎名邸では二階と一階の間にもセルローズファイバーを充填しており、二階からの音を止める役割が期待できる。また、自然採光と縦横に風が通るように開口部を適切にとった。

アトリエは吹抜で開放的に仕上がった。

集って暮らす喜び

平成二六年六月八日感動的な完成引渡し式が実現。三〇名の人たちから祝福されたのだ。私は「集って暮らす喜び」ですと、お祝いの言葉を申し上げた。四世代三世帯が同じ敷地で生活されること自体「集って暮らす喜び」。もう一つ、ここには昔から多くの人々が集ってきた歴史がある。それは、祖父が元大阪大学総長、お母さんは大阪大学の名誉教授で、多くの関係者や学生がいつも大勢通ってきたということだ。

これからは、保友さんは社会福祉のプロとして、地域福祉のため暖かいコミニティーを築いていかれることだろう。さらに、二人の子供の友達や、愛さんの絵画木工教室に、親子で通ってこられる賑やかで和気あいあいの教室が、地域の新しい集いのスタイルを構築されることだろう。いずれにしても椎名ご夫妻の暖かさが原資である。合言葉「家、笑う」を皆で唱和して〆たのである。

川　柳　「揺れ動く　梢に立って　見るは親」　遊　楽

竣工引渡式で四世代のご家族とプロジェクトチームが喜びを共有した。

巻末資料

一般社団法人いい家塾

◆代表理事
釜中　悠至（株式会社アイス代表取締役、経営コンサルタント）

◆顧問
高田　昇（立命館大学教授、NPO法人コープ住宅推進協議会 関西理事長、COM計画研究所代表）
林　　幸（公認会計士・税理士林光行事務所 副所長、税理士）
落合　雅治（ジャーナリスト）

◆理事・サポーター
山本　啓二（株式会社山本博工務店 代表取締役、自作堂主宰　二級建築士 インテリアプランナー）
吉田　公彦（一級建築士事務所 アトリエ2馬力代表　一級建築士）
木津田秀雄（一級建築士事務所 胡桃設計代表　一級建築士 欠陥住宅全国ネット幹事）
岩鶴　祥司（株式会社岩鶴工務店　代表取締役）
石津　圭広（有限会社石津建設　代表　ゼットテクニカ阪神）
井上　直大（井上直大建築設計事務所　代表　一級建築士）

◆監事・サポーター
山本　容子（株式会社大ス樹 代表取締役　宅地建物取引主任者、電磁波測定士シックハウスアドバイザー）

◆サポーター
宮﨑　武道（住まい工房　集い　代表　二級建築士）
黒川　力暢（有限会社クロカワ興業 代表取締役）
山田　哲也（一級建築士事務所時愉空間 代表　一級建築士）

◆アドバイザー（サポーター以外の講師）
高田　昇（立命館大学教授）
大室美智子（NPO法人大阪府防犯設備士協会員、総合防犯設備士）
西村　寿勝（高知県梼原町森林組合　参事）
檜山　洋子（ヒヤマ・クボタ法律事務所　弁護士・米国ニューヨーク州弁護士）
徳千代　泉（有限会社あわとく代表取締役）
牧岡　一生（庭舎MAKIOKA主宰）
石黒　久雄（株式会社山王　常務取締役）
坂口　昇（ソニー生命保険株式会社）

◆協賛会
有限会社あわとく
大阪ガス株式会社
高知県梼原町森林組合
株式会社山王
ゼットテクニカ富山株式会社
株式会社高千穂
庭舎MAKIOKA
中畑木材株式会社
水谷ペイント株式会社
吉野・熊野の山ネットワーク
吉水商事株式会社

◆塾長
釜中　明（株式会社アイス　顧問、経営コンサルタント）

〈いい家塾のプログラム〉

いい家塾では、月一回第四日曜日に五カ月をかけて、家づくりの講義をしています。「基礎編」の講義内容をお伝えするために、参考までに、第二三期のプログラムを掲載しました。期によって、若干の変更はあります。

第一講　ガイダンス・自然の恵みを最大限活かす・家造りにおける設計の重要性と役割
第二講　住まいの基礎、土台・構造を何にするか・いい家塾　住まい訪問記と事例紹介
第三講　自然素材を活かす家造り・断熱講座・省エネ講座、自立循環型住宅
第四講　土地の重要性・防災講座・木造工法の種類
第五講　住宅に関わる問題点・欠陥住宅・夢を描いてみよう「間取りとプランニング」講評

その他、専門編として「高知県梼原町　持続可能な森林経営」「畳講座」「ライフプランと住宅に係る税金」「シロアリ講座」「電磁波の正体」「住まいの防犯対策」などを開催。
構造・完成見学会などを開催しております。

詳しくはウェブサイトをご覧ください。
https://www.e-iejuku.jp/

真逆を生きる
～平成元年を境に世の中180度変わった～

発行日
2020年2月20日

著　者
釜中　明

発行者
久保岡宣子

発行所
JDC出版

〒552-0001　大阪市港区波除6-5-18
TEL.06-6581-2811(代)　FAX.06-6581-2670
E-mail：book@sekitansouko.com
H.P：http://www.sekitansouko.com

郵便振替　00940-8-28280

印刷製本
モリモト印刷株式会社